목구멍은 왜 포도청이 되었을까?

신기방기
전통문화
전통 직업

목구멍은 왜 포도청이 되었을까?

글 정윤경 | 그림 최선혜

분홍고래

들어가는 글

내가 어릴 적만 해도 꿈이 뭐냐고 물으면 조금 획일적인 대답을 했던 것 같아. 대부분 선생님이나 경찰, 소방관을 이야기했고 그중 포부가 컸던 몇몇 아이는 대통령이 되고 싶다고 대답해서 주목을 받기도 했었지.

나는 다른 답을 찾지 못해 선생님이라고 대답했던 씁쓸한 기억이 있어.

시간이 한참 흐른 지금, 우리 어린이들에게 꿈이 뭐냐고 물으면 어떤 대답이 나올까? 내가 어릴 때처럼 선생님, 경찰, 소방관을 말할까? 아마 선뜻 대답하기 곤란한 친구도 많을 거야.

예전보다 직업이 훨씬 다양해져서 말이야. 그 많은 직업 중에 하나를 고르려니 쉽지 않기도 하고, 또 내가 어떤 일을 직업으로 갖게 되면 행복할지, 내가 잘하는 게 무엇인지 고민되기 때문일 거야.

요즘 가장 인기 있는 직업은 무엇일까? 최근 어떤 조사에 따르면 초등학생이 가장 희망하는 직업 1위는 운동선수고 의사, 교사, 크리에이터, 경찰관, 프로 게이머, 배우, 가수, 요리사 등의 직업이 희망 직업으로 선정되었다고 해.

내가 어릴 때는 크리에이터나 프로 게이머라는 직업은 존재하지 않았고, 상상도 하지 못한 직업이야. 그런데 지금 너희에게는 인기 많은 직업이 되었어.

이렇게 사람이 살아가는 동안에 수많은 직업이 생겨났다가 사라지고 사람들이 선망하던 직업도 시대에 따라 달라져 왔어.

옛날에는 들으면 웃음만 나오는 별난 직업도 있었고 눈을 번쩍 뜨이게 하는 신기한 직업과 안타까워서 마음이 아픈 직업을 가지고 살았던 사람이 많았어.

이렇게 직업은 그 시대를 살아가는 사람들의 모습을 반영해. 옛날 우리 조상이 어떻게 살았는지 알고 싶다면 그 당시의 직업들을 살펴보면 쉽게 상상할 수 있을 거야.

자, 이제 당시에는 흔하고 당연히 있어야 했던 직업이지만, 지금은 사라져 흔적조차 없거나 다른 형태로 변화된 직업들을 찾아 나서 볼까?

요새 직업 체험하는 테마파크의 인기가 많지? 너희도 한 번쯤은

가 봤을 거야.

  그 안에서도 인기 많은 직업은 줄을 서서 기다려야 겨우 체험하고, 인기가 없는 직업은 금방 체험하고 나오기도 하지? 어떤 직업을 미리 체험해 보는 것은 신나고 재미있는 일이야.

  우리도 지금부터 사라진 옛날 직업을 체험하러 가 보자. 이 책을 한 장 한 장 넘기면서 직업 체험을 시작할 거야. 아무리 인기 많은 직업이라고 해도 줄은 서지 않아도 돼. 대신 사라진 직업 속에서 우리 역사를 만나거나 옛날 사람들이 친근하게 말을 걸어 와도 당황하지 말고 침착하게 대처하면 되는 거야.

  자, 준비되었으면 여행을 떠나 볼까?

작가라는 직업을 가진
정윤경

들어가는 글 ··· 004

제1장
상놈의 발, 양반의 글 덕
신분에 따라 정해진 직업

목구멍이 포도청이더라 ··· 012

양반? 선비? 그냥 한량이라 불러 주게 ··· 017

양반의 마지막 자존심, 내 나무! ··· 022

양반의 손발이자 재산인, 노비 ··· 029

재벌 노비의 재산 나누기 ··· 035

세상에서 가장 천한 직업, 백정 ··· 040

제2장
가난한 사람은 허리띠가 양식이다
가난 때문에 선택한 직업

매품팔이 대신 매를 맞아 드립니다! ··· 050

곡비 울어야 먹고산다 ··· 057

유모 내 애는 버려두고 남의 애 젖 먹이기 ··· 063

똥 장수와 똥 퍼 아저씨 게 물렀거라, 예덕 선생 나가신다! ··· 068

월천꾼 모두 이리 와, 내 등에 업히시오 ··· 075

매골승 이름 없는 죽음을 배웅합니다 ··· 080

제3장
굼벵이도 구르는 재주가 있다
타고난 재주로 선택한 직업

전기수 죽을 만큼 실감나게 읽어 드립니다 … 086
각설이 어헐씨구씨구 흥부자 … 091
농후자 재주는 곰이 부리고 돈은 되놈이 번다 … 096
변사 무성 영화 시대의 아이돌 … 103
가체장 집 한 채쯤은 머리에 얹어 줘야 명품이지 … 109

제4장
개처럼 벌어 정승처럼 쓴다
재벌을 만들어 낸 천한 직업

보부상 패랭이에 방울 달고 축지법을 쓰는 자 … 118
역관 재벌 집 막내아들 … 124
짚신 장수 짚신을 삼아 부자가 되다 … 129
채소전 고기는 은값 채소는 금값 … 136

제 5 장
열흘 붉은 꽃 없다
인기를 얻었지만 변질되어 사라진 직업

사당패 전국 투어 콘서트의 시초 … 145
물장수 우리가 바로 배달의 민족이다! … 151
버스 차장 신여성의 패션을 보여 줄게 … 156
전화 교환수 궁으로 들어간 모던 걸 … 162
약장수 날이면 날마다 오는 게 아니야! 애들은 가! … 165

제 6 장
목구멍이 포도청
법을 어겨야 돈을 버는 직업

표낭도 눈 뜨고 코 베이다, 조직적인 소매치기 … 174
동전 사주자 얼마면 돼? 돈이라면 얼마든지 만들어 줄게 … 179
안화상 가짜 같은 진짜? 진짜 같은 가짜를 팝니다 … 185
거벽의 무리 개나소나 급제시키는 과거 조작단 … 189
검계 조선판 범죄와의 전쟁 … 194

제1장

상놈의 밥, 양반의 글 덕

신분에 따라 정해진 직업

목구멍이 포도청이더라

 '먹고살기 힘들다'라는 말을 들어 봤니?

 이 말은 아주 오래전부터 어른들의 입에서 떨어지지 않고 나오는 푸념의 말이야. 힘들게 한 해 한 해 농사를 짓고 살았던 그 시절, 아니 그보다 더 오래전 짐승을 사냥하고 먹을 것을 수렵하던 시절부터 '먹고살기'란 참으로 녹록하지 않은 일이었지.

 '먹고살기'라는 이 단순한 말은 그저 음식을 먹는 행위만 뜻하는 것이 아니야. 내 몸을 움직일 에너지를 만드는 원료인 음식을 먹는 행동부터 가족을 돌보고 사회를 움직일 수 있도록 하는 직업으로서의 '일'을 모두 포함하는 말이지.

 '먹고살기 힘들다'는 뜻은 일을 하는 데, 많은 어려움이 있다는 의미를 품고 있어. 이와 비슷한 의미의 속담이 있는데, 바로 '목구멍이 포도청'이라는 말이야. 아! 목구멍은 알겠는데 '포도청'은 무엇인지 잘 모르겠다고? 포도청은 옛날에 범죄를 저지른 사람을 잡아들이고 심문하던 관청을 말해. 오늘날의 경찰청과 같은 기관이겠지? 조선 성종 때 도둑이 많아지자 설치했고, 중종 때 포도청이라는 이름을 갖게 되었대.

이런 포도청과 목구멍이 무슨 관계가 있기에 이런 속담이 생겨났을까?

포도청은 죄인을 잡아다가 혹독한 벌을 주는 무서운 곳이지만 먹고살기가 너무 힘들어서 돈 또는 곡식을 구하려고 어쩔 수 없이 죄를 지어 포도청에 잡혀갈 수밖에 없었다는 뜻이기도 하고, 죄인을 무섭게 호령하던 포도청처럼 목구멍에서 밥 달라고 호령을 하면 꼼짝없이 말을 들어야 한다는 뜻이기도 했어.

어떻게 풀이를 하더라도 '목구멍이 포도청'이라는 말은 '먹고살기가 힘이 들다'라는 의미야. 예나 지금이나 직업을 가지고 노동을 해서 나와 내 가족을 잘 먹여 살리는 일은 쉬운 일이 아닌 것 같아.

문화가 발전하고 산업이 발달해도 직업을 가지고 노동하는 사람들은 아직도 많은 어려움을 겪고 있어. 요즘도 무리한 근무를 하다가 목숨을 잃거나 장애를 얻은 사람들의 기사가 우리의 마음을 아프게 하지. 아무리 일하는 환경이 개선됐다고 해도 일의 능률을 올리려고 노동자를 기계와 같은 수단으로 여겨서는 안 되는데 말이야.

우리의 지나온 역사를 되짚어 보면 말도 안 되는 대우를 받는 직업을 가지고 산 사람이 많았어. 천하다고 손가락질하면서도 그들이 필요할 때는 당연한 듯 도움을 받았지. 고용자가 노동자를 대할 때에는 인간에 대한 윤리의식을 가져야 하는데, 마치 도구를 이용하듯 아무렇게나 쓰고 버려도 된다는 생각을 가졌던 모양이야.

이렇게 예나 지금이나 직업을 가지고 노동하는 일, 즉 먹고사는 일은 여전히 어렵고 목구멍은 아직도 포도청이지만, 사람들의 의식이 개선되고 노동 환경을 개선하려는 움직임이 활발해지고 있는 것은 다행이야.

기산풍속도첩
포도청에서 고문하는 모습

포도청에서 죄인을 고문하고 있다.

출처 한국학 중앙 연구원(공공누리)
소장품 번호 민백 08890

역사를 알면 현재를 바로 잡고 미래를 꿈꿀 수 있어. 우리 역사 속에 당연히 존재했지만, 지금은 사라지거나 변화한 직업들을 살펴보면서 현재의 직업들과 연계해 생각해 보면 미래의 꿈을 그려 보는 데 도움이 되지 않을까?

직업을 들여다보면 그 당시 사람들의 삶이 보이거든. 자, 이제 늘 목구멍이 포도청이었던 우리 조상들의 이야기를 들어 보자.

양반? 선비? 그냥 한량이라 불러 주게

사라진 옛날 직업 이야기를 하기 전에 먼저 기억해 둘 것이 있어.

물론 지금도 돈을 잘 벌거나 유명해져서 누구나 선망하는 직업이 있고 반면 위험하고 힘들거나 더러운 것을 다뤄야 해서 모두 꺼리는 직업이 있지. 그렇다고 우리는 그것을 귀한 직업, 천한 직업으로 딱 잘라 나누지는 않아. 하지만 옛날에는 귀한 직업과 천한 직업이 분명하게 나뉘어 있었어.

양반, 중인, 상민, 천민이라는 신분의 구분이 있기도 했고, 조선 시대에는 농자천하지대본(農者天下之大本: 농사가 모든 것의 근본)이라고 하여 농사를 으뜸으로 생각했기 때문에 농사가 아닌 직업을 천한 직업으로 여기기도 했어.

양반은 가장 높은 신분으로 대부분 많은 토지와 벼슬을 가지고 있어서 나랏일을 맡아 하거나 고을을 다스리는 등 관리의 직업을 가지고 부유한 생활을 했고, 그다음 계층인 중인은 통역을 하는 역관이나 의술로 사람의 병을 고치는 의원 등 부를 축적할 만큼 돈을 벌 수 있었지. 세 번째 상민은 세금을 납부하는 보통 백성으로 농사나 공업, 상업을 직업으로 가지고 있었고 가장 낮은 신분인 천민은 노비, 백정, 광대, 무당 등 천히 여김과 핍박을 받는 사람들이었어. 그때는 지금처럼 하고 싶은 일을 하는 것이 아니라 태어난 신분에 따라 주어진 일을 해야 하는 불공정한 시대였지.

텔레비전 사극을 보면 곱게 한복을 차려입고 하인들을 호령하며 좋은 집에서 좋은 음식을 먹는 양반들이 등장하지? 이 '양반'이 신분이기도 했지만, 옛날에는 가장 귀한 직업이었어.

조선의 지배 계급(정치적·경제적·사회적으로 힘이 있어 영향을 미치는 집단)인 양반의 대부분은 벼슬을 지낸 관료의 집안 사람이라 나라에서 녹봉이라고 하는 많은 월급을 받았어. 이들은 물려 받은 토지가 많음에도 불구하고 세금 한 푼 내지 않았기 때문에 부유한 생활을 했지. 벼슬길에 오를 목표로 글공부를 하는 것이 하는 일이었는데, 이들을 '선비'라고도 불렀어.

그중에서도 벼슬에 뜻이 없는 사람들은 집안 재산을 믿고 빈둥빈둥 놀면서 호의호식을 했는데, 이를 '한량'이라고 부르기도 했지. 하지만 모든 양반이 부유한 생활을 했던 것은 아니야. 일반 백성보다 더 가난해서 당장 먹을 곡식 한 톨 없는 양반도 많았다고 해.

어처구니없게 굶어 죽게 생긴 형편에도 양반은 품위를 잃지 않아야 한다며 일을 하면 안 된다고 생각했어. 주린 배를 움켜쥐고는 글공부만 해야 하는 것이 선비이자 양반의 도리라고 생각한 거야.

그런데 어찌 된 일인지 한 점잖게 생긴 양반이 하인들 무리에 끼어서 바닥에 까는 돗자리를 짜고 있었어. 무슨 사연인지 알아볼까?

✳ ✳ ✳

"대감마님, 솜씨가 날로 좋아지십니다."

하인의 말에 양반은 껄껄 크게 웃었지.

"허허! 내가 봐도 그렇구나. 이만하면 여기저기 선물로 주어도 욕은 안 먹을 테지?"

"당연한 말씀입니다."

양반은 어깨를 으쓱하고는 신나게 돗자리를 짰어. 그리고 평소 친하게 지내던 다른 양반들에게 직접 짠 돗자리를 선물로 보냈지.

이런 정성 가득한 선물을 받은 양반들의 마음은 어땠을까? 아주 고맙고 기뻤을 거라고? 아니, 모두 그 선물을 탐탁지 않게 여겼어. 양반이 신분에 맞지 않게 돗자리 따위를 짜는 것도 마음에 들지 않았고, 솜씨도 어설퍼서 상품 가치도 없었기 때문이야.

"에라, 이따위 볼품없는 것 개나 깔아 주어라."

양반들은 돗자리를 하인들에게 던져 주었지.

이렇게 천대받은 돗자리를 짠 사람은 이원익이라는 양반이야. 선조, 광해군, 인조에 이르기까지 60년 동안 관직에 있으면서 다섯 차례나 가장 높은 관직인 영의정을 지낸 사람이지.

광해군(조선 제15대 왕: 1575~1641) 때 귀양을 간 이원익은 할 일이 없어 소일거리로 돗자리를 짜며 지내다가 인조반정(이귀·김유 등 일파가, 광해군과 그를 따르는 집단을 몰아내고 인조를 왕으로 세운 일)으로 임금이 바뀌자 다시 재상의 자리에 올랐어.

그러자 개나 깔아 주라고 푸대접받던 돗자리는 어떻게 됐을까? 이원익의 돗자리는 놀랍게도 영의정이 짠 돗자리라고 해서 보물 대접을 받게 되었대.

김홍도 자리 짜기, 《단원풍속도첩》

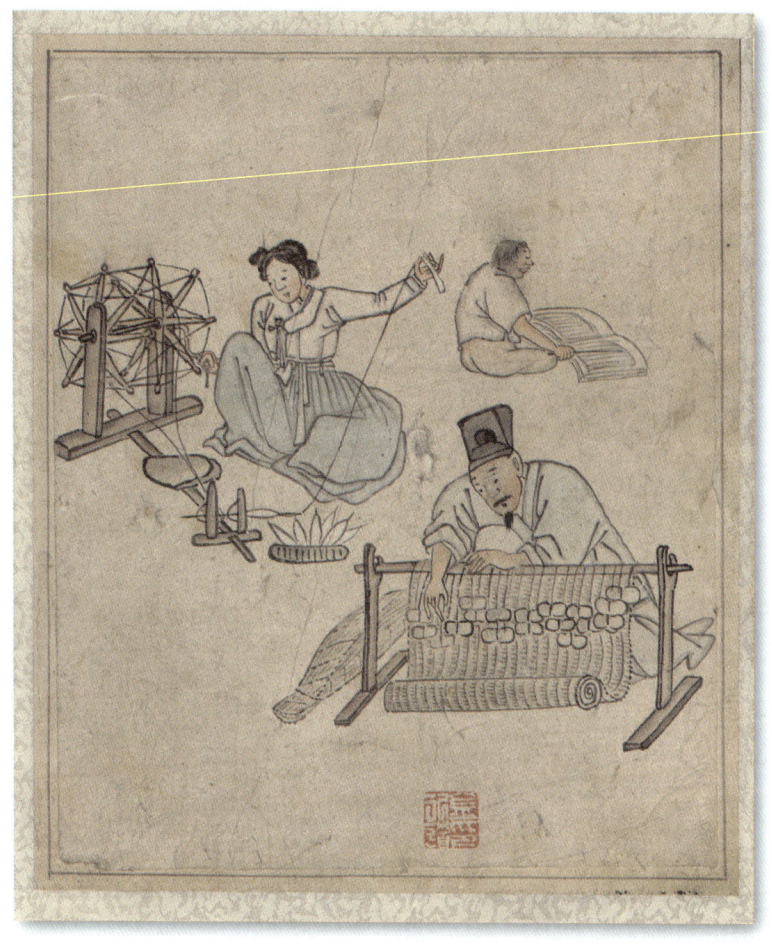

어린 아들은 글을 읽고 아버지는 자리를 짠다. 어머니는 물레질로 실을 뽑아 낸다.

출처 국립 중앙 박물관(공공누리)
소장품 번호 본관 6504-13

상놈의 발 양반의 글 덕
→ 양반은 학식 덕으로 살아가고 학식이 없는 상놈은 노동하면서 발로 움직여 발 덕에 살아간다는 뜻.

양반은 얼어 죽어도 겻불(짚불)은 안 쬔다
→ 아무리 다급하거나 궁해도 체면을 깎는 짓을 하지 않는다는 뜻.

양반은 죽을 먹어도 이를 쑤신다
→ 양반은 체통을 차리느라고 없는 티를 내지 않는다는 의미.

양반 지게 진 것 같다
→ 양반이 어떻게 지는지도 모르는 지게를 가지고 있는 것처럼 어울리지 않고 하는 짓이 서툴 때 쓰는 말.

수염이 대자라도 먹어야 양반이다
→ 배가 불러야 체면도 차릴 수 있다는 의미로 먹는 것이 중요하다는 말.

 재미있는 우리말

한량은 원래 누구를 말하는 것일까?

한량은 관직이 없이 한가롭게 사는 사람이나 경제적인 여유가 있어 빈둥빈둥 놀고먹는 사람을 뜻하는데, 원래의 한량은 그런 뜻이 아니라 어떤 사람들을 지칭하는 말이었대. 한자로는 한가할 한(閑), 어질 량(良)으로 한자 뜻마저도 한가로운 한량은 원래 지금의 군인과 같은 무관을 뽑는 시험인 무과 합격자지만, 아직 관직이 없는 양반을 말하거나 무과 시험을 치르는 응시자를 뜻했대. 한량들은 대부분 돈 많고 여유가 있는 집안의 자식들이었어.

그중에서도 아직 벼슬에 오르지도 않았는데, 이미 관직에 오른 듯 거들먹거리거나 하릴없이 돈을 쓰고 놀기만 하는 일부 한량들의 모습에서 한량의 뜻이 변화했다고 해.

양반의 마지막 자존심, 내 나무!

———————— ✳ ————————

눈보라가 치는 어느 을씨년스러운 겨울날이었어. 동장군이 지독하게 심술을 부려서 그런지 장터에는 장사꾼들이 드문드문 나와 있었고, 오고 가는 손님도 귀한 날이었지.

"이런 날은 뜨끈한 아랫목에서 고구마나 까먹어야 하는데, 하필 장작이 똑 떨어질 게 뭐람."

빈 지게를 등에 진 농부 한 명이 투덜거리면서 장터를 살피고 있었어. 땔감(불을 지피는 데 쓰는 재료)이 떨어져서 장작을 사러 나온 참이었지. 그런데 오늘따라 그 많던 나무장수들이 보이지 않았어.

평소 같으면 '나무 사려!' 하고 외치는 나무장수들의 목소리가 시끌벅적하게 들릴 법한데, 이상하게도 조용했지.

"에잇! 나무장수들이 다 얼어 죽었나? 하나도 안 보이는구먼."

농부는 잰걸음으로 구수하고 따뜻한 연기를 내뿜는 국밥집 옆을 돌아 장터 뒷골목까지 걸었어. 허탕 치고 돌아가면 식구들이 차가운 방에서 떨어야 하기에 장터 구석구석 꼼꼼하게 살폈지.

그때 이상한 소리가 농부의 발목을 잡았어.

"내 나무."

농부는 잘못 들었나 싶어서 귀를 후볐어.

"내 나무."

잘못 들은 것이 아니었어.

"내 나무."

보리죽도 못 얻어먹은 듯 가느다랗고 기운 없는 목소리를 따라 농부는 걸음을 재촉했어.

그러자 길모퉁이에 나뭇단을 놓고 서 있는 사내가 보였어.

"내 나무."

사내는 '나무 사려!'도 아닌 '내 나무!'를 외치며 품에 책을 안고 오돌오돌 떨고 있지 뭐야. 추위와는 어울리지 않는 남루한 차림이지만 도포를 입고 낡은 갓을 쓴 모양으로 봐서는 양반 같아 보였어. 사내는 농부가 다가오자 헛기침을 하며 한 번 더 외쳤어.

"내 나무."

농부는 사내가 이상했어. "내 나무!"라니 말이야. 나무를 사겠다는 건지 팔겠다는 건지 이해가 되지 않았어.

"행색을 보아하니 양반 같으신데, 나무를 어쩌라는 겁니까?"

사내는 여전히 책을 보물처럼 품에 안고 외쳤어.

"내 나무."

농부는 사내의 행동이 답답해서 되물었지.

"그러니까 나무를 팔겠다는 겁니까, 사겠다는 겁니까?"

사내는 헛기침을 하고 앵무새처럼 똑같은 말만 되풀이했어.

"내 나무."

"아, 정말 별의별 양반을 다 보겠네. 팔려면 팔고 아니면 마시오."

농부는 사내의 앞에 동전을 던졌어. 그러자 사내가 주위를 한번 두리번거린 뒤 잽싸게 동전을 주웠어.

"그렇게 외쳐서 나무 팔아서 먹고살겠습니까? 내 나무가 뭡니까? 나무 사려! 하고 크게 외쳐 보시오."

농부가 나무 한 단을 지게에 얹으며 말했어. 하지만 농부의 말을 듣기나

하는 건지 사내는 품 안의 책을 펼쳐 들고 말했어.

"내 나무……."

농부는 사내의 행동에 혀를 차며 혼잣말했어.

"참 나, 곧 죽어도 양반이다, 이거지."

그날 이후에도 사내는 나무를 가지고 장에 나와서 똑같이 외쳤대. 사람들은 비싸고 귀한 책을 품에 안고 '내 나무'를 외치는 이 양반 나무장수를 이상하게 여겼고, 사내는 장터에서 유명 인사가 되었대.

✳ ✳ ✳

그깟 양반이 뭐라고 쌀 한 줌 값도 안 되는 체면을 지키려고 기를 썼을까?

조선 시대 초기 양반의 수는 전체의 약 7퍼센트에 불과했고, 귀족 신분으로 부와 명예를 가진 지배 계층이었어. 하지만 가난한 나라에 임진왜란(조선 선조 25년인 1592년에 일본이 침입한 전쟁)과 병자호란(조선 인조 14년인 1636년에 청나라가 침입한 난리)이라는 큰 전쟁이 두 번이나 닥쳤고 나라의 재정이 바닥이 나게 되지.

나라에 돈이 없으니 어쩌겠어? 뭐라도 팔아서 돈을 마련해야 나라 살림을 할 수 있겠지? 나라에서는 공명첩空名帖이라는 임명장을 발행해서 관직을 팔았는데, 이것이 어처구니없게도 이름처럼 '공명空名' 그러니까 이름 적는 칸이 비었다는 뜻이야. 빈 칸에 '김개똥', '이말년' 이렇게 아무나 이름을 적으면 신분이 상승되고 나라의 관직을 얻게 되는 말도 안 되는 임명장이지.

공명첩과 납속책(納粟策: 나라에 돈이나 쌀을 바치면 관직을 주던 제도)을 통하거나, 또는 가난한 양반들의 족보에 돈을 주고 이름을 올리기도 하고, 족보를 위조하기도 하는 등 가지각색의 방법으로 천민과 상민들은 양반이 되려고 애썼고 결국 조선 후기에는 양반의 수가 전 국민의 약 70퍼센트까지 늘어났대. 나라에 세금을 내지 않는 양반이 70퍼센트라니, 당시 나라의 상태가 어땠을까 굳이 설명하지 않아도 짐작이 되겠지? 결국, 세금으로 굴러가는 나라의 살림살이가 더 엉망이 된 거야.

재미있는 우리말

'을씨년스럽다'라는 말은 어떻게 생겼을까?

쓸쓸하고 스산한 날씨나 분위기를 말할 때 '을씨년스럽다'라는 표현을 쓰곤 하지. '을씨년'에 접미사인 '~스럽다'가 붙은 말로 '을씨년'의 어원은 1905년 을사년이라는 주장이 유력하다고 해. 을사년은 일본이 을사오적 이완용, 박제순, 이지용, 이근택, 권중현을 내세워서 강압적으로 을사늑약을 맺은 날이거든. 일본은 을사늑약으로 우리나라의 외교권을 빼앗고 통감부를 설치해서 자신들의 식민지로 만드는 기초를 다지게 되었지. 이 얼마나 치욕적이고 슬픈 날이었겠어. 그날 이후로 썰렁하고 스산한 분위기에 쓰이는 말이 되었대.

이해조가 1908년에 발표한 《빈상설》이라는 신소설에 '을사년시러워 꿈에도 가기 싫고'라는 문구가 나오는데, 이 표현이 변해서 '을씨년스럽다'라고 쓰였다고 해. 재미있기보다 슬픈 역사에서 생겨난 우리말이야.

나무장수

출처 한국학 중앙 연구원(공공누리)
시대 1910년대 **소장품 번호** 민백 105270

광무 6년 공명첩

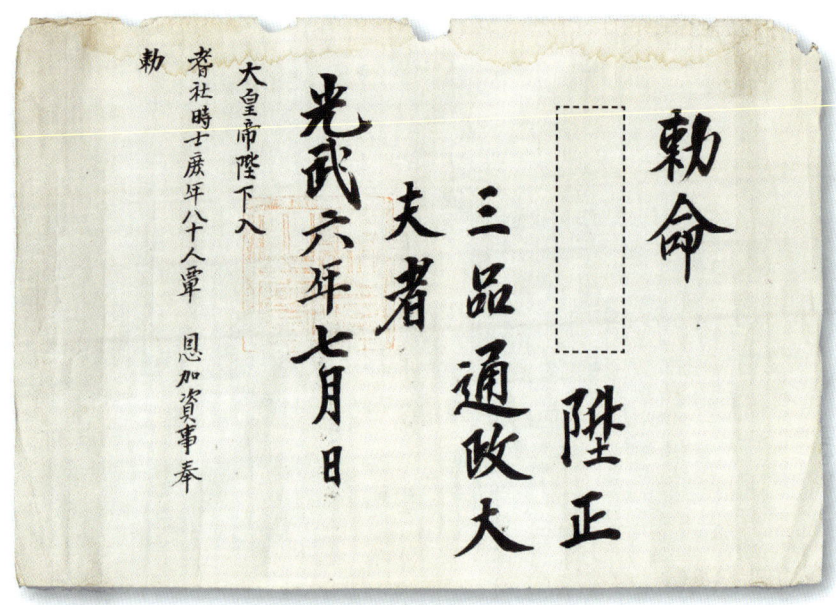

조선 시대 임명장으로 이름이 쓰여 있어야 할 부분이 비어 있다.

출처 국립 중앙 박물관(공공누리)
소장품 번호 증 9949

양반의 손발이자 재산인, 노비

조선 시대 천민은 팔천八賤이라고 해서 노비, 승려, 무당, 백정, 기생, 광대, 상여꾼(장례를 지낼 때 관을 실은 가마를 드는 사람), 수공업자, 이렇게 여덟 가지 직업을 가지고 있었고, 그중 가장 많은 수가 노비였어.

노비奴婢란 종이라고도 하며 남자 종인 노奴와 여자 종인 비婢를 합친 말이야.

노비는 주인 양반을 대신해 온갖 일을 하는 손이나 발과 다름없었고 심지어 자신의 뜻과 상관없이 값이 매겨져 사고팔리는 재산이기도 했지.

성도 없이 주인이 아무렇게나 지은 개똥이, 마당쇠, 큰년이, 자근년이 등의 이름만 달랑 가지고 평생 더럽고 힘들고 궂은일을 도맡아 하던 직업을 가진 사람들이 노비였어.

방자 분부 듣고 춘향 부르러 건너간다
정그러지고 맵시 있고 태도 고운 저 방자
세수 없고 발랑거리고 우멍스런 저 방자
(중략)

> 조약돌 덥석 집어 버들에 앉은 꾀꼬리 툭 처 후여어 날려 보고
> 장송 가지 툭 꺾어 죽장삼아서 좌르르 끌어 이리저리 건너가
> 춘향 추천하는 앞에 바드드득 달려들어 춘향을 부르되 건혼이 뜨게
> "아나! 옛다, 춘향아!"
> – 판소리 〈춘향가〉 중 '방자 분부 듣고' 중에서

춘향가에서 춘향이를 보고 반한 이몽룡이 춘향이를 데려오라고 하자 분부를 받은 방자가 춘향이 집으로 가면서 돌도 던지고 나무도 꺾어서 끌면서 딴짓을 하는 모습이 재미있게 그려진 부분이야.

그런데 이몽룡이 시도 때도 없이 불러대던 '방자'는 이름이 아니고 직업이었대. 조선 시대 방자는 궁이나 관아(나랏일을 처리하는 곳)에서 심부름을 하던 노비였는데, 남자만 있었던 것은 아니래.

궁녀로 들어가고 싶었지만 뽑히지 못한 여자들이 방자가 되기도 했는데, 궁녀들이 사는 곳에서 궁녀들의 심부름을 맡아 하기도 했대. 궁에서 일하는 방자들 중에 '글월비자'라고도 있었는데, 궁을 자주 못 나가는 사람들을 위해서 어른들께 인사를 드리는 '문안 편지'를 전해 주는 일을 하기도 했대.

춘향가의 방자는 이몽룡의 아버지가 일하던 지방 관아 소속의 노비인 방자였던 것이지.

이렇게 노비는 방자와 같이 궁이나 관아에 소속된 공노비와 양반 개인에게 소속된 사노비가 있었어. 관아에 소속된 공노비는 관아에 필요한 물건

을 만들거나 관리들의 잡일을 돕기도 하는 등 허드렛일을 주로 했지. 직장을 다니듯이 출퇴근을 하거나 출근을 하지 않고 대신 농사를 지어 세금처럼 국가에 쌀이나 면포를 납부하기도 했어.

사노비는 우리가 알고 있는 노비로 개인의 재산으로 취급되었는데, 법전에 노비의 가격이 정해져 있었지만, 잘 지켜지지는 않았대.

사노비는 또 솔거 노비와 외거 노비로 나뉘었는데, 솔거 노비는 주인집에 살면서 잡일과 농사 등 궂은일과 노동을 하는 노비로 주인의 간섭을 받고 일 년 내내 밤낮으로 일이 끊이지 않아 고된 삶을 살았어.

당시 노비는 사람으로 생각하지 않았나 봐. 사람을 셀 때 쓰는 몇 명名, 몇 인人, 몇 원員 등을 쓰지 않고 입을 뜻하는 구口 자를 써서 몇 구라고 세었대.

아내나 자식을 주인 마음대로 팔고 사람 취급도 받지 못했기 때문에 도망치는 노비가 많았다고 해. 그러면 '추노'라고 해서 도망친 노비들을 잡아 오는 사람들도 있었대.

노비는 조상부터 자손 대대로 노비가 되었는데, 아버지와 어머니 중 한 명이 노비라면 노비가 될 수밖에 없었어. 그러다 보니 조선 중기까지 노비의 수가 점점 늘었대. 조선 중기 인구가 800만 명에서 천만 명이었는데, 노비 수가 40퍼센트나 되었대. 엄청난 수였지?

노비가 많으면 어떤 문제가 생길까? 전에 양반이 많았던 시대와 같은 문제가 생겨. 바로 상민의 수가 줄어드는 거야. 상민이 줄자 세금을 내고 군역의 의무를 이행할 사람이 없어지지. 그래서 나라에서는 상민을 늘리는 여러 가지 방법을 내기도 해.

노비 문서

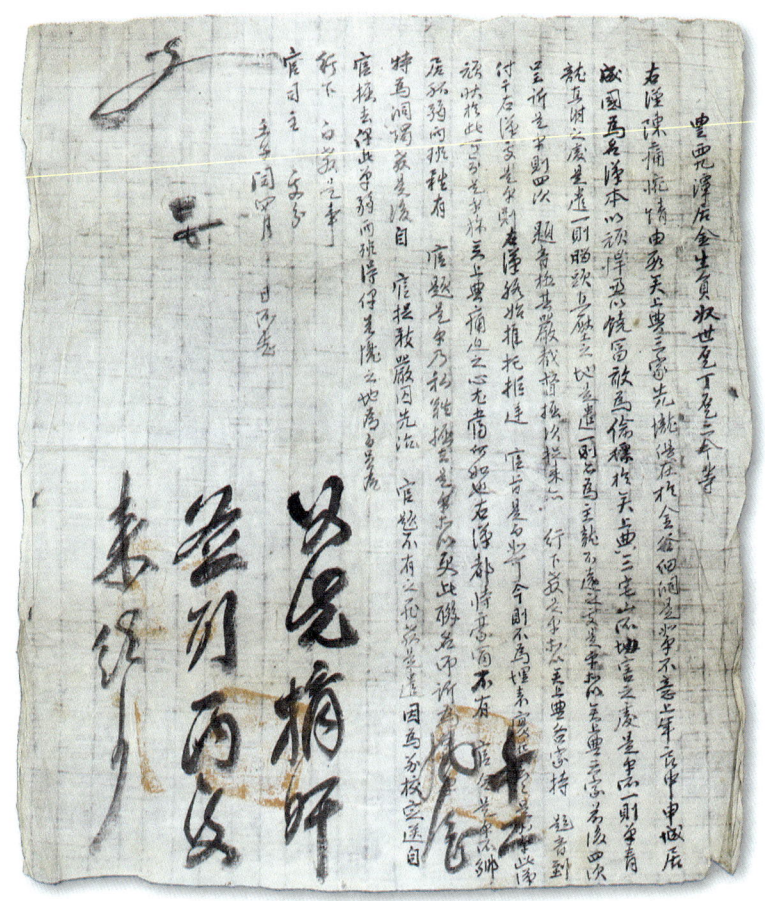

상민과 노비가 결혼을 해서 아이를 낳으면 상민의 신분을 주기도 하고 나라에 큰돈을 내면 천민의 신분에서 벗어나게도 해 주고, 조선 후기에는 의병에 참여만 해도 상민이 되기도 했대.

그렇게 상민이 된 노비들은 착하게 세금을 내면서 살았을까? 아니지. 또다시 신분 상승을 노렸을 거야. 상공업의 발달로 돈을 많이 번 노비가 많아지자 노비에서 상민으로 상민에서 양반으로 신분을 사는 일이 벌어졌어. 그러면서 조선의 신분 제도는 무너지게 되었지.

결국 1801년 순조 때 공노비를 해방했고, 1884년 갑신정변이 일어나면서 신분제를 없애자는 주장이 일어났어. 갑신정변은 조선 고종 21년, 1884년에 개화당이 민씨 일파를 몰아내고 혁신적인 정부를 세우기 위하여 일으킨 정변이야. 그리고 그 후 신분 철폐는 동학 농민 운동으로 이어지는데, 동학 농민 운동이 청나라의 간섭으로 실패하고 마침내 신분 제도는 갑오개혁으로 없어지게 돼. 갑오개혁은 조선 고종 31년인 1894년 7월부터 고종 33년인 1896년 2월 사이에 추진되었던 재래의 문물 제도를 근대식으로 고치는 등 정치·경제·사회 전반에 걸쳐 혁신을 단행한 개혁 운동이야.

하지만 신분 제도가 법으로 금지된 이후에도 양반과 상민, 천민을 구분하는 관습은 오랫동안 사라지지 않았어. 1910년 일제가 강제적으로 우리나라의 통치권을 빼앗고 식민지로 삼은 일제 강점기에도 양반 출신이 상민 출신 사람들을 차별하고 폭행하는 사건이 자주 일어나 신문에 실리기도 했대.

나라를 빼앗겨 하나가 되어 단결해도 모자랄 판에 양반과 상민, 천민을 구분하면서 자기들끼리 분쟁을 일으키다니, 참 어리석고 어처구니없는 일이 아닐 수 없어. 이렇게 지독히 뿌리박힌 신분 제도는 6.25 전쟁이 지나서야 비로소 사라졌다고 해.

그때 그 사건

양반을 거역한다고 육십 노인을 구타

〈동아일보〉 1930년 5월 2일

경북 청도 장시에서 40대 남성이 길에서 만난 60대 노인에게 짐을 들라고 했는데 거부하자 폭행한 사건.

상놈이 양반에게 벗처럼 불렀다고 해서 난타

〈조선일보〉 1928년 4월 23일

청주군 현도면 상삼면에서 장에서 만난 사람에게 '자네'라고 불렀는데, 상놈이 감히 양반에게 벗처럼 불렀다고 구타한 사건.

재벌 노비의 재산 나누기

고래 등처럼 으리으리한 기와집에서 여자들의 울음소리가 새어 나왔어.

"아버지, 안 돼요. 정신 차리세요."

"저희만 두고 가지 마세요."

안방 비단 이불 위에 몸져누운 아버지 앞에서 두 딸이 흐느껴 우는 소리였어.

아버지는 곁에 앉은 사내에게 힘겨운 목소리로 당부했어.

"잘 적어 두시오. 큰딸 옥금이에게는 밭 스물한 마지기와 기와집 한 채, 수레 한 대, 솥 한 개, 과일나무 열 그루, 국 솥과 옹기를 줄 것이오."

사내는 아버지의 말을 열심히 종이에 옮겨 적었어.

"그리고 작은딸 복금이에게는 밭 열여섯 마지기와 집 한 채, 소 한 마리, 과일나무 열 그루와 솥, 농기구를 물려주겠소."

두 딸은 일제히 고개를 저었어.

"필요 없어요. 아버지가 안 계시는데, 재산이 다 무슨 소용이에요."

아버지는 큰딸 옥금이의 손을 잡고 말했어.

"내가 둘째에게 소 한 마리를 더 준 것은 너에게 준 기와집이 더 크니 그

만큼 소를 한 마리 더 준 것이란다."

옥금은 눈물을 흘리며 아버지의 손을 꼭 잡았어.

아버지의 유언을 꼼꼼하게 종이에 적은 사내가 완성된 분재기(재산을 나눈 문서)를 건넸어.

"다 되었소. 상전 이 씨에게 바칠 재산도 잘 적어 두었소이다."

아버지는 분재기를 받으며 안도의 한숨을 쉬었어.

"고맙네. 이렇게 해 두지 않으면 다 빼앗길 것 같아서 말이야."

아버지는 받은 분재기를 훑어보고는 고개를 끄덕였어. 비록 글씨는 모르지만 뭔가 안심이 되는 모양이야.

"내가 평생 열심히 일해서 모은 재산이니, 너희가 똑같이 나누어 가져야 한다. 혹시라도 주인어른이 빼앗으려 하면 이 분재기를 보이도록 하여라. 너희 재산을 지켜 줄 것이야."

아버지는 겨우 말을 마치고 큰딸의 손을 놓고 말았어. 두 딸에게 자신의 재산을 똑같이 나누어 준 뒤에야 편안히 눈을 감았지.

딸들은 아버지가 남겨 준 위대한 유산이 적힌 분재기를 들고 슬픔의 눈물을 흘렸어.

✷✷✷

딸들에게 꼼꼼하고 공평하게 재산을 나누어 준 아버지는 놀랍게도 노비였어.

실제로 노비 복만이가 두 딸에게 재산을 나누어 준 문서가 지금도 남아 있어서 노비도 재벌 버금가는 부를 축적하고 재산을 나누어 주었다는 것을 증명하고 있지.

노비에는 솔거 노비와 외거 노비가 있다고 했지? 복만이는 외거 노비였어.

외거 노비는 주인집에서 먼 곳에 살면서 농사를 지어서 그 수확물과 자신의 몸값인 신공(면포)을 세금처럼 갖다 바치는 노비였어.

외거 노비가 생긴 이유는 양반들이 자신이 사는 동네에만 땅을 가지고 있는 것이 아니어서야. 부자니까 많은 땅을 가지고 있었고, 그 땅이 사는 곳에서 멀리 떨어진 경우도 많았지. 그래서 먼 곳의 땅을 돌보고 농사를 짓게 하려고 노비를 파견해서 살게 한 것이 바로 외거 노비였어.

늘 주인의 울타리 안에서 감시를 받았던 솔거 노비와는 달리 외거 노비는 먼 곳에서 농사짓고 살면서 신공만 바치면 되니 비교적 자유로운 생활을 할 수 있었지. 주인 양반에게 바칠 신공을 마련해야 하니 부지런한 외거 노비들은 낮에는 농사를 짓고 밤에는 짚신을 만들어서 팔아 따로 돈을 벌기도 했고, 가정을 이룬 노비들이 아이를 낳아 식구 수가 늘면 식구 수대로 신공을 바쳐야 하므로 식구 수를 줄여서 보고하기도 했대.

그만큼 밤낮을 소처럼 열심히 일해도 주인에게 바쳐야 하는 신공이 있으니 먹고살기가 힘들었다는 얘기지.

그런데 간혹 재벌 이상의 재산을 가진 노비도 있었대. 중종 때 안동 지역에 살았던 외거 노비 복만이라는 사람은 양반 부럽지 않은 큰 재산을 가진 노비였는데, 그가 죽을 때 자식들에게 재산을 나누어 줄 것을 유언한 〈사노私奴 복만卜萬 분급문기分給文記〉라는 분재기가 남아 있어.

노비 복만의 분재기는 1540년 중종 35년에 기록된 문서인데, 농사를 짓는 땅, 집, 과일나무, 소, 농기구, 살림살이까지 상세하게 구분해 두 딸에게 나누어 준 문서야.

외거 노비 복만은 어떻게 그 많은 돈을 모았을까?

복만이도 처음에는 다른 외거 노비와 마찬가지로 주인 양반에게 바칠 신공을 마련하기도 버거운 살림이었대. 해가 뜨면 농사를 짓고 해가 지면 짚신을 만들어 팔았지. 그러나 아무리 열심히 일해도 형편은 하나도 나아지지 않았어. 복만은 곰곰이 생각하다가 결심을 했대.

아무리 농사가 가장 중요한 일이라지만 농사를 짓다가는 다 굶어 죽게 생겼으니 이것저것 만들어 본격적으로 팔고 각지의 특산물도 떼다가 팔자고 말이야. 장사에 소질이 있었던 복만에게 장터는 노다지나 다름없었어. 농사를 짓지 않아도 주인에게 신공을 바치고 남을 만큼 큰돈을 벌게 된 거야. 복만처럼 외거 노비가 주인보다 부자가 된 경우도 있었는데, 노비 신분이지만 기와집에서 살면서 좋은 옷을 입고 대신 집안일을 해 줄 노비를 샀대. 노비가 노비를 소유한 것이지.

이렇게 돈을 모았지만, 노비의 자식도 역시 노비였기 때문에 죽을 때 자식들에게 온전히 재산을 상속하기는 쉽지 않았나 봐. 자식이 없는 노비가 죽으면 그 재산을 주인인 양반이 다 갖게 되는데, 자식이 있는 노비들이 재산을 물려주려면 주인에게 일부를 바치고 난 뒤 재산을 상속할 수 있었다고 해.

복만이 분재기를 작성한 이유도 노비 신분인 두 딸이 재산을 무사히 상속받을 수 있도록 증거를 남긴 거야.

속담

말 타면 종 두고 싶다
→ 말을 타고 나면 노비도 부리고 싶다고, 하나를 얻으면 다른 것도 갖고 싶어 한다는 말로 사람의 욕심이 끝이 없다는 의미.

제 배 부르니 종의 밥 짓지 말라 한다
→ 권세 있고 잘 사는 사람들은 자기 배가 불러 있으니 자신에게 속해 있는 다른 사람들의 굶주림을 알지 못한다는 뜻.

종의 자식 귀애하니까 생원님 나룻에 꼬꼬마를 단다
→ 종의 자식을 귀여워하니까 주인의 수염에 장난감을 단다는 이 말은, 버릇없는 사람을 너무 귀여워하면 오히려 함부로 굴어 조롱을 산다는 의미로 쓰임.

종과 상전은 한솥밥이나 먹지
→ 노비와 주인의 차이보다 더하다는 뜻으로 너무 차이가 커서 한데 어울려 말할 수도 없음을 의미한다.

세상에서 가장 천한 직업, 백정

1898년 10월 29일 종로, 고위 관료와 양반, 학생 등 만여 명이 넘는 사람이 모여 있는 자리에 남루한 차림새를 한 남자가 연단에 올랐어.

"나는 대한의 가장 천한 사람이고 무식한 자입니다. 그러나 임금께 충성하고 나라를 사랑하는 뜻은 나도 알고 있습니다. 나라를 이롭게 하고 백성을 편하게 하는 방법은 관리와 백성이 마음을 합해야 가능하다고 생각합니다. 저 천막을 봐도 대나무 하나로만은 버틸 힘이 부족합니다. 그러나 여러 개의 대나무를 모아 버틴다면 굳건해집니다. 바라건대 관민(관리와 백성)이 합심하여 나라의 복이 만만세를 누리게 하였으면 합니다."

이 사람의 말이 끝나자 여기저기서 우레와 같은 박수가 터져 나왔어. 스스로 대한에서 가장 천한 사람이라고 말한 이 남자의 정체는 바로 백정이었어.

독립협회가 주최한 관민공동회(官民共同會: 외세를 막고 집회와 언론의 자유를 주장하는 민족주의, 민주주의를 제창한 회의)에서 당시로써는 천한 신분이었던 백정 박성춘이 대표로 개막 연설을 했다는 것은, 천지가 개벽할 놀라운 일이었지. 훗날 박성춘의 아들 박서양은 우리나라 최초의 외과 의사이자 만주 독립군의 군의관으로 독립운동에 이바지한 인물이 되거든. 세상에서 천대받은 사람들이 세상에서 가장 귀한 일을 한 셈이지.

※ ※ ※

전에 말한 여덟 가지 직업을 가진 천민인 팔천 중에 가장 천한 사람들은 누구였을까? 같은 천민인 노비에게조차 업신여김을 받던 천한 직업이 바로 백정이야.

사람들이 사는 마을에서 같이 살아서도 안 되며 머리에 상투를 틀 수도 없고, 상민 어린아이에게도 고개를 숙여야 했으며, 아무리 돈이 많아도 비단옷을 입을 수 없었던 천하디 천한 사람을 백정이라고 불렀어.

백정은 지금으로 말하면 전문 도축 업자쯤 될 거야. 백정에게는 여러 가지 직업이 있었는데, 가축의 뼈와 살을 발라내는 거골장, 살과 가죽을 발라내는 거모장, 가죽 제품을 만드는 피장이 있었어.

가축을 잡는 도축이 아닌 다른 일을 하는 백정도 있었지. 나무껍질을 벗겨 바구니를 만드는 고리 백정, 악기 연주를 하던 창우 백정, 사형 집행을 하던 망나니, 가죽신을 만들던 갓바치가 이들이었어.

이들은 일반 백성과 어울려 살지 못하고 반촌이라고 하는 곳에 따로 모여 살았는데, 원래는 북방을 떠돌던 유목민에서 시작되었대. 고려 시대에 원 나라 사람들이 전쟁에서 포로로 끌려오는 등 고려로 귀화를 많이 했대.

원 나라가 어딘지 모르겠다고? 원 나라는 초원에서 말을 타고 옮겨 다니면서 동물을 기르며 사는 유목민의 나라 몽골이 중국을 정복하고 세운 나라야. 이 사람들은 우리의 농사를 짓는 농경 문화에 익숙하지가 않아서 주로 사냥을 하거나 가축을 잡으며 무리를 지어 떠돌았어.

남의 나라에서 적응을 못해 도둑질하고 사람들을 때리기도 하는 문제를 일으키자 조선의 세종 대왕이 이들을 정착시키려고 농사지을 밭을 나누어 주고 '평범한 백성'이라는 의미의 '백정'이라는 이름도 주었대. 하지만 유목민의 문화를 버리지 못한 백정은 농사를 버리고 가축을 죽여 그 고기를 파는 도축업을 하게 되었는데, 차별과 멸시를 받는 직업이 되었다고 해. 물론 모든 백정이 원 나라 사람은 아니야.

백정이 소를 잡을 때는 허가를 받고 '현방속'이라고 세금도 냈대. 그런데 점점 고기를 찾는 사람이 많아지고 소를 잡아 고기를 파는 일이 큰 돈벌이가 되니까, 일반 백성이 백정 일을 하기도 하고 허가를 받지 않고 도축하는 불법도 많이 일어났대.

그러나 백정이 돈을 아무리 많이 벌어도 천대와 멸시는 여전했어. 1894년 고종 황제 때 정치, 경제, 사회 전반을 근대식으로 바꾸려 한 갑오개혁으로 신분제가 사라졌지만, 차별은 여전했대. 일제 강점기에 조선 총독부가 호적

을 새로 만들면서 백정의 호적에 '도한(屠漢: 짐승 죽이는 놈)'이라고 적거나 붉은 점을 찍어 차별을 유도했다니 말이야.

그래서 1923년 백정들이 차별을 없애 달라는 '형평 운동'을 벌이기도 했어. '형衡'은 백정이 고기의 무게를 재는 양팔 저울이고 '평平'은 평평하다, 평등하다는 뜻으로 즉, 무게를 재는 양팔 저울처럼 백정도 평등하게 대우해 달라는 운동이었어.

일반인들의 차별과 박해가 심한 것, 관공리(관리와 공리: 지금의 공무원)가 차별하는 것, 목욕탕 이발소 식당 등 사람들이 출입하는 장소에서의 차별을 막아 달라는 요구였지.

지금 생각하면 이 모든 것이 사람이라면 누려야 할 너무나도 당연한 권리인데 말이야.

조선 형평 운동은 전국으로 확대되고 발전해 나가며 변화를 겪었으나, 1930년대에 일제의 탄압으로 해체되고 말았지.

하지만 백정의 신분 해방 운동으로 시작된 형평 운동은 일제의 지배 아래 다른 사회 운동과 함께 진행되면서 민족 해방의 한 부분이 되어 역사적으로 의미가 있는 운동으로 남게 되었어.

속담

백정이 양반 행세를 하면 개가 짖는다
→ 백정이 잘 차려입고 양반 행세를 하려니 고기 냄새가 나서 개가 짖는다는 말로 겉모양을 아무리 잘 꾸며도 본색은 감추기 힘들다는 뜻.

갖바치 내일 모레
→ 갖바치들이 맡은 물건을 제날짜에 만들어 주지 않고 찾으러 가면 내일 오라 모레 오라 한다고 약속한 날짜를 자꾸 미루는 것을 이르는 말.

갖바치에게 풀무는 있으나
→ 가죽신을 만드는 갖바치에게 대장장이의 풀무가 쓸모없듯 남에게 요긴한 물건일지 몰라도 자신에게는 아무 소용이 없다는 뜻.

미련한 송아지 백정을 모른다
→ 미련한 송아지가 소를 잡는 백정을 못 알아보듯 겪어 보지 않았거나 어리석어서 사리에 어두움을 이르는 말로 비슷한 속담으로 '하룻강아지가 범 무서운 줄 모른다'가 있다.

백정도 올가미가 있어야 한다
→ 백정도 소나 돼지를 잡으려면 올가미가 필요하듯 어떤 일에는 준비가 있어야 한다는 뜻.

저는 잘난 백정으로 알고 남은 헌 정승으로 안다
→ 별로 대단하지도 않은 사람이 거만하게 남을 업신여기는 것을 비유하여 이르는 말.

백정

봉황대 부근 백정의 가족과 가옥. 경남 진주시 옥봉동.

출처 국립 중앙 박물관(공공누리)
사료조사3 경남진주 봉황대 부근 백정 가족
소장품 번호 《유리원판목록집》I 83

조선 형평 운동 포스터

출처 한국학 중앙 연구원(공공누리)
소장품 번호 민백 39887

제2장

가난한 사람은
허리띠가 양식이다

가난 때문에 선택한 직업

대신 매를
맞아 드립니다!

매품팔이

> 돈 돈 돈 돈 봐라 돈, 떡국집으로 들어가서 떡국 한 푼어치 사서 먹고 막걸릿집으로 들어가서 막걸리 두 푼어치를 사서 먹고 어깨를 늘이고 죽통을 빠트리고 대장부 한걸음에 엽전 서른 닷 냥이 들어를 간다. 저희 집으로 들어가며 "여보게 마누라! 집안 어른이 어디 갔다 집 안이라고서 들어오면 우루루루 쫓아 나와 영접하는 게 도리 옳지, 계집이 이 사람아 당돌이 앉아서 좌이부동이 웬일인가, 에라 이 사람 요망하다!"

판소리 흥부가 중에 돈타령 대목이야. 매품을 예약해 놓고 미리 돈을 조금 받아 우쭐한 흥부가 아내에게 마중을 나오지 않는다며 큰소리치는 대목이지.

가난에 쪼들리던 흥부는 관아에 돈을 빌리러 갔다가 호방의 권유로 다른 사람 대신 매를 맞는 매품팔이를 하기로 하고 선금을 조금 받아 신이 나서 집으로 돌아오게 돼. 하지만 결국 그마저도 남에게 빼앗겨서 매품도 못 팔고 결국 돈을 빌리러 놀부의 집을 찾아가게 된다는 내용이 나와.

남의 매를 대신 맞으면서 돈을 벌다니 놀랍지 않아? 지금은 사라진 형벌이지만 예전에는 잘못을 저지르면 나라에서 매로 벌을 주기도 했어.

"저놈을 데려가 곤장 100대를 쳐라!"

사극에서 많이 듣던 대사지? 그런데 곤장 100대가 얼마나 무서운 형벌인 줄은 모를 거야. 매로 죄를 다스리는 벌은 태형과 장형이 있었어. 태형은 회초리 같은 얇은 매로 때리는 것이고 장형은 그보다 두꺼운 매로 때리는 것인데, 그중 가장 큰 매가 곤장이었어. 곤장을 많이 맞는다는 것은 거의 사형을 선고하는 것과 마찬가지로 무서운 벌이라 100대는커녕 몇십 대를 맞다가 죽는 경우가 많았대. 그러니까 곤장 100대는 말이 안 되는 형벌이라고 해. 오죽하면 숙종 때부터는 곤장형을 최대 30대까지만 허용하기도 했을까.

이런 가혹한 형벌을 돈으로 샀던 사람들은 누구였을까? 돈 많은 양반? 사실 양반들은 매품을 살 필요가 없었어. 나라에 죄를 지으면 돈으로 갚거나 대신 하인을 시켜 벌을 받으면 되었거든.

매품은 무거운 형벌인 만큼 비쌌기 때문에 그것을 충당할 만큼 돈 많은 중인(양반과 상민 사이에 있던 신분으로 전문직이나 기술을 가진 하급 관리)이나 상인들 또는 공명첩을 통해 양반 신분을 얻어 양반 취급을 받지 못하는 가짜 양반들이 주된 고객이었어.

특히 부패한 관리들이 가짜 양반들을 잡아 가두고 온갖 트집을 잡아 죄를 물어서 곤장형을 내리기도 했는데, 신분을 산 가짜 양반들은 체면을 지키기 위해 대신 맞아 줄 매품팔이가 필요했던 거야.

매품을 사는 가짜 양반이 돈을 내면 매품팔이를 눈감아 주는 높은 관리가 먼저 뒷돈을 챙기고 이를 연결해 주는 이방과 같은 낮은 관리가 또 돈을 챙기고, 매를 때리는 사람이 돈을 챙기고. 이러다 보면 정작 가난해서 매를 맞아서라도 식구들을 먹여살리려는 매품팔이의 손에는 거의 남는 것이 없었다고 하니 참 슬픈 일이지?

✴ ✴ ✴

옛날 어느 고을에 매품을 팔아서 먹고사는 사내가 있었어. 이 사내는 매품을 직업으로 삼다 보니 웬만큼 맞는 것에는 요령이 생겼지 뭐야. 곤장을 내리칠 때 숨을 참거나 엉덩이에 힘을 한껏 줬다가 빼기도 하고 오른쪽 왼쪽 엉덩이의 수평을 달리하기도 했지. 또 아픔을 잊으려고 배 터지게 쌀밥과 고기를 먹는 행복한 상상을 하면서 순간의 고통을 잊는 나름의 기술을 쌓아 갔어.

게다가 가끔 몸집이 왜소하거나 힘이 없는 집장사령(매를 때리는 형벌을 맡아서 하던 사람)을 만나면 이보다 운수 좋은 날이 없었지. 사내는 이날도 곤장 일곱 대에 다섯 냥을 받기로 하고 매품을 팔러 갔어.

형장에 들어서 휘둘러보니 익숙한 얼굴의 집장사령이 보이는 거야. 사내는 속으로 쾌재를 불렀어. 지난번에 한 번 맞아 보니 그렇게 힘이 좋은 사람이 아니어서 오늘도 후딱 맞고 막걸리 몇 사발 마시고 푹 자면 낫겠구나 싶었지. 그런데 사내만 사령의 얼굴을 알아본 것이 아니었어. 집장사령도 사내의 얼굴을 기억했지.

'나한테 맞은 지 얼마나 됐다고 또 왔구나. 옳거니, 이번에는 제대로 맛 좀 봐라.'

집장사령은 자꾸 매품을 팔러 오는 사내가 얄미워 곤장을 쥔 손을 고쳐 잡고 젖 먹던 힘까지 다해 사내의 엉덩이를 내리쳤어.

"한 대요!"

곤장이 사내의 엉덩이에 야무지게 부딪혀 찰진 파열음을 만들었어.

"아이코! 나 죽네."

사내의 엉덩이는 불이 붙은 듯 화끈거렸고 눈에는 실핏줄이 터져 앞이 아득해질 지경이었어. 한 대 맞아 보니 아차 싶었지. 지난번과 강도가 매우 달랐던 거야.

"집장사령 나리, 제발 살려 주시오."

집장사령은 들은 척도 않고 두 번째 매를 내리쳤어.

"두 대요!"

엉덩이가 터져 나가는 아픔에 사내는 오른손을 들어 손가락을 펼쳐 보였어.

"집장사령 나리, 이것 좀 보시오."

손가락을 다섯 개 보인 것은 다섯 냥을 내겠다는 신호였어.

집장사령은 보란 듯이 콧방귀를 뀌고는 세 번째 매를 내리쳤지.

"세 대요!"

세 번째 곤장이 내려왔을 때 사내는 엉덩이가 떨어져 나간 듯 허전함과 동시에 온몸의 감각이 사라진 것을 느꼈어. 하지만 그것도 잠깐, 엉덩이에서 곤장이 떨어지자마자 극심한 고통이 한꺼번에 밀려왔어.

"아흑, 끅…… 끅…… 사령…… 나…… 리…… 끅끅……."

사내는 잘 움직일 수도 없는 손가락을 모두 펴서 열을 만들어 보였어. 열

냥을 주겠다는 약속이었지.

'진작 그랬어야지, 괘씸한 놈.'

집장사령은 열 냥을 약속받고서야 곤장을 쥔 손에서 힘을 풀었어. 남은 네 대의 곤장은 마치 그동안 맞은 엉덩이를 위로하듯 토닥이고 지나갔지.

돈을 주고 겨우 목숨을 부지한 사내는 집으로 돌아가며 말했어.

"돈이 좋긴 좋구먼. 열 냥을 주고 목숨을 샀으니 말이야, 허허!"

매품으로 다섯 냥을 벌려다가 오히려 다섯 냥을 손해 보고 매까지 맞은 사내의 이야기는 조선 후기의 문인 성대중의 《청성잡기靑城雜記》에 실려 있어. 이 책은 100여 편의 잡스러운 이야기나 격언 고사성어 등을 모아놓은 책이야. 원래 매품팔이는 효도에서 시작된 것이라고 해. 나이 많은 할아버지나 아버지를 대신해 젊은 아들이 대신 매를 맞기 시작한 것에서 유래되었다고 해.

효도의 의미로 허가해 준 것이 굶기를 밥 먹듯 하던 가난한 백성들에게는 목숨을 건 밥벌이 수단으로 변질하였고, 폭리를 취하는 나쁜 관리들도 많았다 하니 참 슬픈 일이 아닐 수 없어.

곤장

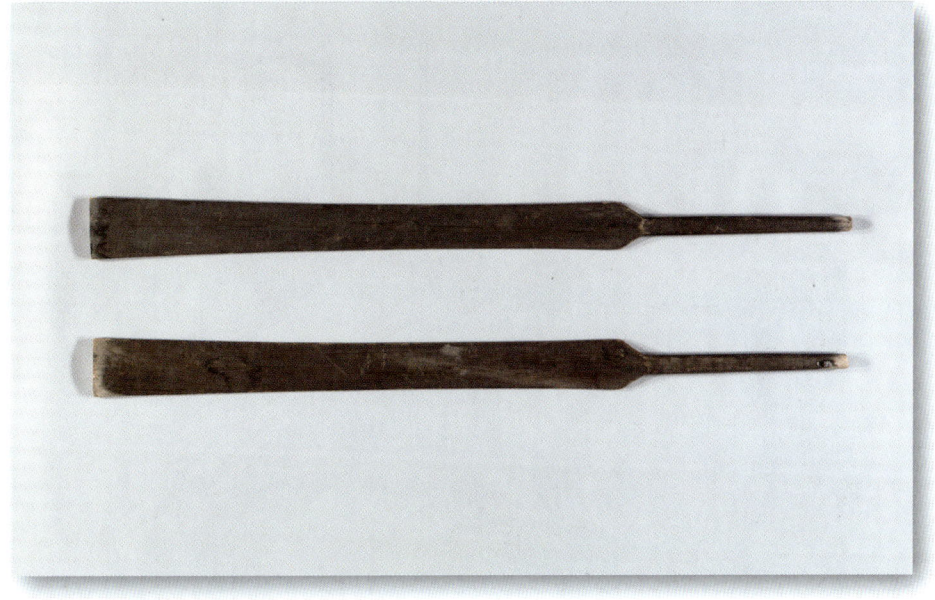

출처 국립 중앙 박물관(공공누리)
소장품 번호 본관 101

김윤보 | 형정도첩
군수타곤장죄인

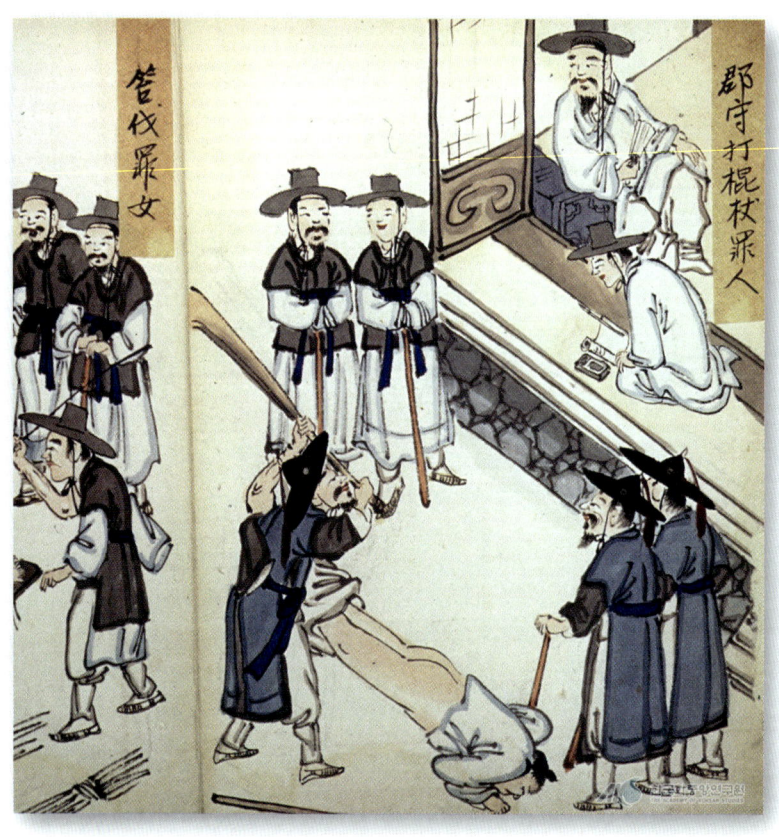

출처 한국학 중앙 연구원(공공누리)
소장품 번호 민백 09622

울어야 먹고산다

곡비

금옥이는 오늘도 혼자서 낯선 어둠을 맞이했어. 어린 금옥이에게 어둠이란 놈은 매일 만나도 좀처럼 익숙해지지 않았지. 금옥이는 고사리손으로 서둘러 등불을 켰어.

희미한 불빛이 밥상 위를 밝히자 엄마가 삶아 놓고 간 감자 세 알이 보였어.

금옥이는 겉이 마르고 쉬어 터진 감자를 집어 입에 욱여넣으며 혼잣말했지.

"엄마가 보면 벌써 불을 켜냐고 나무라겠지? 뭐 어때? 엄마는 우느라 집에 안 오는데."

금옥이는 갑작스런 서러움에 조그만 어깨를 들썩였어.

"울면 안 돼. 눈물은 다 돈이라고 했어. 눈물을 아껴야 해."

일곱 살 금옥이는 야무지게 이를 앙다물었어. 어둠이 무섭고 혼자라는 게 서러웠지만 참아야 했거든. 금옥의 엄마는 벌써 사흘째 우느라고 집에 오지 않았어.

병에 걸린 아빠가 가난 때문에 제대로 치료도 못 받고 죽었을 때도 금옥

이의 엄마는 울지 않았대. 대신 그때 흘릴 눈물을 아껴 두면 금옥이와 엄마가 둘이 살아갈 방법이 생긴다고 했대. 금옥이의 아빠가 죽은 뒤로 엄마는 바빠지기 시작했어.

남의 장례식에 불려가서 울어야 했거든. 어느 때는 3일을 또 어느 때는 5일을, 또 어느 때는 손가락으로 세어 보기도 버거울 만큼 긴 나날을 집에도 못 오고 울었대.

엄마가 울고 온 다음 날 금옥이의 집에는 쌀도 생기고 가끔 새 신발과 새 옷도 생기는 마법 같은 일이 일어났어.

금옥이는 엄마 없이 혼자 밤을 맞이하는 것이 무섭고 싫었지만, 엄마가

돌아오면 생기는 마법을 기대하면서 꾹 참아야 했지. 눈물이 났지만 울지 않으려고 애썼어.

엄마는 따뜻하고 다정했지만, 금옥이가 우는 것은 몹시 싫어했거든.

"우리한테 눈물은 밥도 먹여 주고 옷도 입혀 주는 귀한 것이니, 함부로 흘리지 말고 아껴야 한다."

금옥이는 엄마가 늘 하던 말을 곱씹으며 감자를 입에 문 채 잠이 들었어.

잠결에 사람들의 웅성거리는 소리가 들리는 듯하더니 고소한 기름 냄새가 코를 간질였어. 무거운 눈꺼풀이 냄새에 반응해 정신을 차리자 동네 사람들이 금옥이의 엄마를 등에 업고 들어왔어. 금옥이 앞에 두 눈이 통통 부은 엄마가 쓰러져 있는 거야.

"우리 엄마, 왜 그래요?"

금옥이가 놀라서 묻자 동네 아낙이 바구니에 든 전과 떡을 꺼내 주며 말했어.

"괜찮다. 사흘 내내 울다가 지쳐서 잠이 든 모양이야. 푹 자면 깨어날 것이니 요거나 먹어라. 너희 엄마가 자기 먹을 음식도 없었는데, 너 줘야 한다며 챙겨 놓은 거야."

금옥이는 엄마의 통통 부은 눈에 젖은 수건을 얹어 주고 곁에 누웠어.

"엄마 고생 안 하게 내가 빨리 커서 엄마보다 잘 울게."

희미하게 가는 숨을 쉬면서 자는 지친 엄마를 보면서 어린 금옥이는 또 한 번 눈물샘에 빗장을 걸었어.

✳✳✳

아주 옛날에는 우는 직업도 있었대. 사람의 장례식 내내 울어야 했던 직업을 가진 사람들을 바로 '곡비哭婢'라고 불렀어. 남의 집에 가서 우느라 집에 오지 못하는 금옥이의 엄마가 바로 곡비였어.

곡비는 주로 여자로 얼굴을 아는 사람이 죽건, 모르는 사람이 죽건, 장례식이 3일이건, 5일이건 장례식 내내 울어야 했어. 곡비 중에도 남편이 죽어 슬픔을 가슴에 가두고 있는 여인이 비통하게 잘 운다고 가장 인기가 많았대. 금옥이 엄마처럼 말이야. 금옥이 엄마도 남편이 죽자 그 눈물을 아꼈다가 곡비가 되어 남의 집에서 울고 받은 돈으로 어린 딸을 먹여 살렸어. 또 곡비의 딸은 대를 이어 곡비가 되기도 했대.

그런데 옛날에는 왜 곡비가 필요했을까?

곡비의 필요를 이해하려면 달라진 장례 문화를 먼저 알아봐야 해. 지금은 장례식을 전문으로 하는 장례식장이 있지만, 옛날에는 집에서 장례를 치렀어.

주로 삼일장 혹은 오일장으로 장례를 치르는데, 죽은 사람을 애도하는 의미로 '곡哭'이라고 하는 울음소리를 냈어. 손님을 맞을 때도 "아이고 아이고!" 하면서 울고, 입관할 때도 "아이고 아이고!", 관이 실린 상여를 따라 장지로 향할 때도 "아이고 아이고!" 울면서 장례식 내내 곡을 했어. 하지만 집안 여인들이 음식을 만들고 손님을 맞이하는 일을 하며 내내 곡을 하기란 쉬운 일이 아니었겠지? 그래서 대신 울어 줄 곡비를 불렀대.

상갓집의 곡소리가 시원찮으면 "이 집은 자손들 효심이 부족하구먼" 하면서 두고두고 뒷말을 들어야 했기 때문에 유족들은 돈을 쓰더라도 곡 잘하는 곡비를 불러서 곡을 시켰어.

곡소리가 커야 애도하는 마음이 크고 자식들의 효심도 깊다고 생각했던 모양이야. 체면을 중요하게 여기던 조선 사람들에게 곡비는 없어서는 안 될 직업이었어. 양반들의 경우는 주로 집안의 노비를 곡비로 쓰고 왕실은 궁인을 곡비로 썼지만, 전문으로 곡비를 하는 사람들보다 곡을 잘하지는 못했겠지? 그래서 일반 백성을 곡비로 썼대.

곡비의 가장 큰 고객은 왕실이었는데, 왕실과 귀족의 장례는 물론 왕릉을 옮길 때도 곡비들이 동원되었대.

> 예조에서 계하기를,
> "국장(國葬)이나 대신의 예장(禮葬) 때에, 곡비(哭婢)는 전에는 시전(市廛)의 계집으로 시켰는데, 공정 대왕과 원경 왕후 국장 때에는 옛 제도에 의하여 궁인(宮人)으로 하여금 곡하며 따르게 하였으니, 지금 이후로는 대신의 예장에 곡비는 본가의 계집종을 쓰게 하소서."
> 하니, 그대로 따랐다.
> - 《세종실록》 11권, 세종 3년 2월 12일

《조선왕조실록》을 보면 조정의 신하들은 곡비를 그다지 좋아하지 않았나 봐. 세종 때 신하들이 곡비를 쓰는 것은 좋지 못하니 금지하자고 건의까지 한 기록이 있으니까 말이야.

하지만 가문의 위세를 떨치는 방법의 하나였던 곡비가 법으로 금지한다고 쉽사리 사라지지는 않았어. 나라에서 못 하게 말릴수록 곡비의 몸값은 더 비싸졌다고 해.

눈물 한 방울이 보리밥 한 숟가락이 되고 눈물로 지은 밥을 먹었던 곡비는 돈으로 슬픔과 체면을 사고팔던 사회의 슬픈 밥벌이 수단이었지.

슬프지도 않은데 울고, 쉬지 않고 곡을 하고 우는 일이 얼마나 지치는 일이겠어? 곡비는 이렇게 만만치 않은 극한 직업이었지만, 몸뚱이 하나가 가진 것의 전부였던 가난한 이들이 치열하게 살았던 역사이기도 했어.

내 애는 버려두고
남의 애 젖 먹이기

유모

"세손의 몸에서 왜 술 냄새가 나는 것인가? 젖먹이에게 술이라도 먹였단 말인가?"

조선의 영조 임금이 어의(임금과 왕족을 치료하는 의사)와 신하들을 불러 물었어.

"아뢰옵기 송구하오나, 세손 저하께 술 냄새가 나는 것은 젖 때문이옵니다."

어의가 나서서 머리를 조아리며 말했어.

"유모의 젖에 문제가 있다는 말이구나."

영조는 짐작이 맞았다는 듯 한숨을 쉬었어.

"어제도 세손 저하께서 묽은 변을 여러 번 보셨기에 살펴보니 유모가 술을 마셨던 모양이옵니다."

어의의 말에 화가 난 영조의 얼굴이 붉어졌어.

"유모가 술을 마시고 젖을 물리면 술기운이 세손에게 전해지기도 하는가?"

"그러하옵니다. 어린 젖먹이의 경우 독한 약을 쓸 때 유모에게 먹이고 그 젖을 통해 약효를 보기도 하니, 유모가 술을 즐겨 마시는 것은 큰일이옵니다."

신하들은 냉정하기 짝이 없던 영조 대왕의 성품을 알기에 이쯤이면 당장 유모를 끌어다가 죄를 묻거나 내쫓을 것으로 생각했어. 그런데 영조의 반응은 예상과 달랐지 뭐야.

"그럼 방법이 없겠는가? 술을 해독하는 데 칡이 좋다고들 하던데 어떤가?"

어의는 놀라 영조의 용안(임금의 얼굴을 높여 이르는 말)을 바라보았어.

"예, 칡뿌리가 술독을 풀어 주는 약재이긴 하옵니다."

"그래, 그럼 칡을 유모에게 먹이고 세손의 건강을 해치는 일이 없도록 잘 보살피도록 하라."

※ ※ ※

아들 사도 세자를 뒤주(쌀 등 곡식을 담는 통)에 가둬 죽게 한 냉혈한 영조 대왕조차 함부로 내치지 못한 사람이 바로 세손의 유모였어.

어린 세손(훗날 정조)의 유모는 술을 많이 마셨던 모양이야. 왕세손에게 젖을 먹이는 중요한 임무를 맡은 사람이 함부로 술을 마셨다니 아마도 알코올 중독이 아니었나 싶어.

보통의 아기를 키우는 엄마들도 젖을 먹이는 동안은 술을 마시거나 음식을 함부로 먹지 않아. 왕세손을 키우는 유모가 술을 마셔 젖을 먹은 세손의 몸과 옷에서 술 냄새가 날 정도였다니, 세상에 그런 큰 죄가 어디 있겠어?

하지만 왕실의 유모는 술을 마셨다고 해도 함부로 쫓겨나거나 벌을 받지 않았던 모양이야.

조선 시대 왕자의 유모는 자신이 젖을 먹여 키운 왕자가 커서 왕이 되면 '봉보부인奉保夫人'이라는 종1품의 벼슬과 그에 따른 녹봉, 쌀이나 땅, 노비 등을 받을 정도로 대우를 받았어.

왕비가 왕자를 낳으면 왕자를 먹이고 기르는 것은 유모의 몫이기에 왕자의 성장에 큰 영향을 끼치는 유모가 술을 마신다고 해서 함부로 내쫓지는 못한 모양이야. 대신 유모가 술을 마시니 세자의 건강을 더 극진히 살피라고 명을 내릴 뿐이었대. 한번 정한 유모를 바꿨다가 아이의 정서와 건강에 문제가 생길까 하는 우려 때문이었을 거야.

낳은 엄마를 대신해 젖을 먹여 키우는 유모는 전 세계적으로 오래전부터 있어 왔던 직업이야. 대부분 지위가 높은 집의 아이를 가난하고 신분이 낮은 사람이 엄마처럼 젖을 먹여 키웠지.

당시 왕실뿐 아니라 상류층이었던 사대부들의 집에도 유모가 있었어. 사대부들의 유모는 왕실의 유모들과 대우가 달랐어. 자신이 낳은 아이를 두고 남의 집에 들어가 남의 아이에게 젖을 먹여야 하는 가난한 사람들이 대부분이라 천대받고 업신여김을 받았지.

✷ ✷ ✷

1928년 3월 6일자 〈동아일보〉는 슬픈 이야기 하나를 소개했어.

어느 가난한 여인이 낳은 지 석 달밖에 되지 않는 아들을 두고 유모 일을 하러 남의 집에 들어가기로 했대. 아이들이 아직 어린데 남편도 경제적인 능력이 없자 식구들을 먹여 살리려고 눈물을 머금고 집을 나선 거야.

여인은 유모가 되어 남의 집 아이를 안고 젖을 먹일 때마다 집에 두고 온 아들이 생각나 견딜 수가 없었대. 엄마 젖도 배불리 먹어 보지 못한 어린 아들이 쌀을 끓인 미음이라도 먹는지 궁금하고 애가 타서 어쩔 줄을 몰랐어.

다행히 주인집에서는 가끔 아들을 보러 집에 다녀오도록 허락해 주었기에 아들에게 달려간 여인은 몰래 젖을 먹였대.

주인집 아기와는 달리 점점 가벼워지는 아들의 무게를 느끼며 눈물 섞인 젖을 물렸지.

그 뒤로 여인은 틈이 나면 집으로 달려가 잠깐이라도 아들의 얼굴을 보고 젖을 물리곤 했어. 그렇게 해야 한동안 안심하고 유모 일을 할 수 있었거든.

하지만 얼마 가지 않아 그만 주인집에서 이 사실을 알게 되었어.

"돈을 받고 유모가 되었으면 너의 젖은 우리 아이 것인데, 감히 귀한 우리 아들 젖을 천한 것한테 나눠 줘? 그렇게 네 아들이 눈에 밟히거든 당장 돌아가거라."

주인마님은 도끼눈을 뜨며 여인을 내쫓으려 했어.

여인은 바닥에 엎드려 울며 애원했지.

"제가 집으로 가면 우리 집 식구들은 다 죽습니다. 다신 그러지 않겠습니다, 마님. 제발 한 번만 용서해 주세요."

여인이 유모살이를 그만두면 돈이 나올 곳이 없어 당장 온 식구가 굶어 죽게 생겼으니 빌 수밖에. 여인은 아들을 만나지 않겠다고 맹세를 하고서야 겨우 유모 일을 다시 할 수 있었대. 그런데 말이야, 엄마의 젖을 빼앗긴 여인의 아들은 안타깝게도 태어난 지 다섯 달 만에 굶어 죽고 말았대.

✵✵✵

　이 이야기는 한 기자가 유모 일을 하던 여인과 인터뷰한 내용을 바탕으로 만든 이야기야. 여인처럼 유모 대부분은 남의 애에게 젖을 배불리 먹이면서도 자기 애에게는 빈 젖도 물릴 수 없는 가난한 이들이었어. 몰래 자기 아이에게 젖을 물리다가 걸리면 곤욕을 치르기도 했는데, 상전과 같은 젖을 먹는다는 것은 신분의 구별이 분명했던 사회에서 있을 수 없는 일이었나 봐.
　유모는 아이에게 젖을 먹여 키우는 직업인데, 정작 유모의 자식들은 가난 때문에 엄마의 젖을 빼앗기고 굶어 죽는 일이 많았대. 유모처럼 한이 깊고 비극적인 직업이 하늘 아래 또 있었을까 싶어.

게 물렀 거라, 예덕 선생 나가신다!

똥장수와 똥 퍼 아저씨

"쉬! 물러서거라! 영의정 대감 행차시다!"

거덜(말고삐를 잡은 하인)이 나귀를 탄 대감의 앞길을 트면서 소리치면 홍해가 갈라지듯이 길이 열리고 낮은 신분의 백성들은 그 자리에서 머리를 조아렸어.

사극에서 많이 보아 익숙한 장면이지? 높은 신분의 벼슬아치나 양반들이 행차하면 모두가 발길을 멈추고 길을 내어 주었지. 그런데 신분이 높지도 않고 양반도 아닌데 나타나기만 하면 모두 길을 터준 사람이 있었으니, 그가 바로 예덕 선생이었어.

예덕 선생이 얼마나 대단한 사람이기에 너도 나도 가던 길을 비켜 주었을까?

예덕 선생의 이름은 엄행수. 조선 후기의 실학자이자 소설가인 연암 박지원의 소설《예덕 선생전穢德先生傳》의 주인공이야. 엄행수가 하는 일은 바로 똥과 오줌을 치우는 일인데, 박지원은 엄행수가 비록 더러운 분뇨(糞尿: 똥오줌)를 치우면서 살아가지만, 정직하고 성실하게 자기 일을 하면서 세상을 깨끗하게 하는 사람이라며 예덕 선생이라고 했지.

미국의 링컨 대통령도 "세상에 천한 직업은 없다. 천한 마음을 가진 사람만 있을 뿐이다"라고 했듯이 박지원도 같은 생각을 가지고 있었나 봐.

《예덕 선생전》의 엄행수처럼 분뇨 처리를 도맡아 하는 이른바 똥 장수라는 직업이 있었어.

자, 이만하면 똥 장수인 예덕 선생이 나타나면 왜 길을 터주었는지 알겠지? 바로 더럽고 냄새가 났기 때문이었어. 그 옛날 수도 한양의 길거리는 상상 이상으로 더러웠대.

똥 밭이라고 불러도 전혀 과하지 않을 만큼 거리에는 온갖 똥들이 굴러 다녔다는데, 집집마다 변변한 화장실도 없어 똥을 밖에 내다 버리고 길가에 아무렇게나 똥을 싸 놓기도 했으며, 가축들이 지나다닌 길에도 똥오줌이 쌓이고 있었지.

시골에서는 똥을 모아 농사지을 거름으로 사용하지만 농사를 짓지 못하는 한양에서는 쓸 데가 없었으니, 거리나 냇가에 마구 내다 버린 오물들이 어마어마했을 거야.

당시 조선을 방문한 영국인 탐험가 비숍은 "도랑에는 초록색 끈적끈적한 오물이 고여 있고 냄새가 지독했다. 이는 집집마다 내다 버리는 분뇨들 때문이었다"라고 증언했고 "조선의 좁은 하수에는 오물이 가득 차서 도로로 흘러넘쳤고, 조선 여인들은 그런 오물에 채소를 씻어 먹었다"라고 미국인 선교사 언더우드의 부인이 기록했어.

이걸 보면 당시 한양의 모습을 짐작할 수 있을 거야. 이런 오물들은 장대비라도 내려야 겨우 씻겨 내려갔는데, 또 이 빗물이 먹는 식수에 유입되어서 전염병이 퍼지는 원인이 되었다니 이 똥의 처리가 큰 문제였다고 해.

위생 개념이 바로 잡히지 않은 데다가 한양의 인구가 폭발적으로 늘어나자 똥과의 전쟁이 벌어진 거야.

이때 나타난 구세주가 바로 똥 장수였지. 똥 장수는 똥장군이라고 불리는 똥통을 지게에 지고 닭똥, 소똥, 말똥, 사람 똥 온갖 똥들을 모아 거름이 필요한 밭으로 가져다 파는 직업이었어.

냄새나는 똥을 치운다는 이유로 무시당하고 때론 같은 길을 가지도 못하게 하는 등 핍박을 받기도 했지만, 알고 보면 돈을 꽤 잘 버는 직업이었대.

똥을 거둬 가면서 돈을 받고 또 그 똥을 채소밭에 가져다주면서 돈을 받고 똥 장수의 주머니는 이중으로 두둑해졌지. 1년 동안 똥 장수의 벌이를 헤아려 보면 당시 한양에 집 한 채를 살 만한 돈이었다고 하니, 더러운 만큼 돈을 잘 버는 직업이었어.

하지만 똥 장수의 좋은 시절도 오래가지는 못했어. 훗날 일제 강점기 때 일본인들이 돈을 벌려고 위생회사를 만들고 집집마다 위생비로 돈을 받으면서 분뇨를 거둬갔어. 위생회사의 주인은 돈을 받고 거둔 분뇨를 다시 돈

똥지게

똥장군, 똥바가지, 깔대기

출처 국립 민속 박물관(공공누리)
소장품 번호 민속 79349

을 받고 농촌에 판매해 이득을 얻었대. 우리의 이로운 권리는 모조리 빼앗아 간 일제가 황금알을 낳는 똥통까지 빼앗아 갔지 뭐야.

아무튼, 똥 장수들이 열심히 활동하던 그 시절에도 공중화장실이라는 것이 있기는 했어.

조선 시대에도 사람이 많이 모이는 길의 구석진 곳에 공중화장실로 소변통을 설치했는데, 간이 화장실이라 시설도 열악했고 양반들은 불결하다고 사용하지 않았대.

어쩌다 볼일 급한 양반이 사용했다가는 욕을 먹거나 심할 땐 매를 맞기도 했다니 별일이 다 있지?

일제 강점기에 잠시 모습을 감췄던 똥 장수는 70년대 즈음까지 도시에 있었어.

"똥 퍼요! 또옹 퍼!"

아침마다 골목을 누비며 외치던 목소리.

일명 '똥퍼 아저씨'로 불리던 분뇨 처리 업자들은 똥통을 매달아 놓은 지게를 지고 집집을 다니면서 재래식 화장실의 똥을 퍼갔어.

아저씨들은 긴 바가지가 달린 막대기로 변소(재래식 화장실)의 오물을 퍼서 통에 부어 날랐는데, 그 통의 개수나 나른 지게의 회수로 돈을 받아 갔기 때문에 일이 끝날 때까지 옆에서 코를 쥐고 개수를 세는 일은 아이들 몫이었다고 해. 냄새는 고약하지만, 아이들에게는 이 또한 재미있는 이벤트였을 거야.

나중에는 이런 재래식 화장실도 환경회사에서 분뇨 수거차의 긴 호수로 청소하는 바람에 똥퍼 아저씨들은 자취를 감추게 돼. 시골의 가난한 사람들이 도시로 올라와 똥 푸는 일로 자식을 교육시키고 삶의 터전을 이루기도 했다고 하니, 철모르는 동네 녀석들이 뒤 따라다니면서 놀리던 똥퍼 아저씨야말로 정직하게 땀 흘려 살아간 든든한 가장이자 자랑스러운 아버지, 예덕 선생이 분명해.

거덜처럼 거들먹거리면 결국엔 거덜이 난다?

'거덜나다'는 재산을 모두 탕진해 완전히 없어진 상태를 뜻해. 여기에서 '거덜'이란 '사복시'에 딸린 하인을 뜻해. 사복시는 고려나 조선 시대에 궁중의 가마나 말에 관한 일을 맡아보던 관아를 말하지. 거덜은 궁중을 오가는 벼슬아치나 중요 인물들을 태운 가마나 말을 끄는 자신이 중요한 사람이 된 듯 앞에서 거들먹거렸다고 해. 낮은 신분이면서 지체 높은 사람들이 타는 가마와 말을 관리한다고 허세가 몸에 배어서 우쭐댔어. 거덜이 거드름을 피우면서 흔들흔들 걷는다고 해서 이 흔들거림을 경제에 빗대어 경제가 흔들리다가 재산이 없어진다는 의미로 거덜이 난다는 말을 썼다고 해.

모두 이리 와,
내 등에 업히시오!

월천꾼

삼국지의 주인공인 유비가 개울을 건너는 중에 개울 반대쪽에서 행색이 남루한 노인을 만나게 돼.

"거기 희한하게 귀 큰 녀석! 너 이리 좀 오거라."

"저, 말입니까?"

유비는 주위를 두리번거리며 물었어.

"그럼, 거기 어깨까지 귀가 축 늘어진 귀 큰 녀석이 너밖에 더 있더냐?"

유비가 노인을 향해 걸어왔어.

"어르신, 무슨 일이십니까?"

노인은 뻔뻔스러운 표정을 지으며 당연하다는듯 말했어.

"네가 나를 좀 업어야겠다. 개울을 건너야 하는데, 도저히 못 건너겠구나."

유비는 흔쾌히 노인을 업었어. 그리고 철벙철벙 다시 개울을 건너기 시작했어. 개울은 보기 보다 꽤 깊고 넓어서 키가 큰 유비의 허리춤까지 물이 차올랐어.

"물이 깊어서 어르신 혼자서는 어려웠겠습니다."

유비는 노인을 개울 건너까지 무사히 데려다주고 돌아섰어. 그러자 노인이 유비를 또 부르는 거야.

"아뿔싸! 너 나를 또 업어야겠구나. 내가 보따리를 개울 건너에 두고 왔다."

노인은 어린애처럼 두 팔을 내밀고 말했어.

"걱정하지 마세요. 제가 혼자 가서 보따리를 가져오겠습니다."

유비가 혼자서 개울 건너편으로 가려고 하자 노인이 불같이 화를 냈어.

"내가 처음 보는 너를 어찌 믿고 내 보따리를 맡기겠느냐? 네가 가지고 도망이라도 치면 어쩌려고? 못 믿겠으니 같이 가자."

유비는 속으로 고약한 노인이라고 생각했지만, 노인을 다시 업었어. 그리고 개울 건너로 가서 보따리를 들고 또 강을 무사히 건넜지.

"허허! 생긴 것처럼 별난 녀석이군. 내가 심술을 부리는데도 왜 다시 개울을 건너 주었느냐?"

유비는 멋쩍게 웃으며 말했어.

"제가 어르신을 그냥 여기 두었다면, 이미 한번 건너드린 제 공이 없는 것이 되지 않습니까? 잠시 노여움을 참고 강을 다시 건너드리면 제 수고는 두 배의 의미를 갖게 되겠지요."

괴팍한 노인은 그제야 환하게 웃으며 말했어.

"어린 녀석이 그것을 알고 있다니 대단하구나."

✳ ✳ ✳

노인을 업고 개울을 건너면서 유비가 인내로서 두 배의 기쁨을 느꼈다는 삼국지에 나오는 이야기야. 지금은 깊은 개울이나 강은 다리를 놓아 건너거나 배를 타고 건너지만, 옛날에는 유비와 노인처럼 주로 걸어서 강을 건넜어. 물론 그 당시에도 다리가 놓인 곳이 있었고 사공이 노 젓는 작은 배를 타고 건너기도 했지만, 대부분의 개울이나 얕은 강은 직접 건너다녔지.

유비의 나라인 중국뿐 아니라 우리나라도 산과 강, 작은 개울이 많은 지형이라 먼 길을 갈 때 발을 걷고 물에 들어가 강이나 개울을 건너야 하는 일이 많았어.

하지만 양반들은 그놈의 체면이 무엇인지 함부로 신발을 벗고 강을 건너는 것을 싫어했대. 특히 여자들이 남에게 발을 보이는 것은 매우 부끄러운 일이라고 해서 신발을 벗고 맨발로 강을 건너지 않았다고 해. 그래서 '월천越川꾼'이라고 부르는 사람들이 대신 업거나 목말을 태워서 발이 젖지 않도록 강을 건네주었는데, 놀랍게도 이것이 우리나라뿐 아니라 중국이나 일본에도 있었던 어엿한 직업이었다고 해.

월천꾼은 시냇가나 얕은 강가에 늘 대기하면서 손님을 기다리고 있었는데, 대게 덩치가 크고 힘이 센 장정들이 그 일을 했어. 평소에는 농사를 짓거나 다른 일을 하던 사람들도 물이 불어나는 홍수 때나 얼음이 어는 겨울이 대목이라 너도나도 월천꾼으로 나섰대. 비록 벌이가 적어도 몸만 튼튼하면 할 수 있는 일이니 가난한 사람들에게는 꽤 쏠쏠한 일거리였다고 해.

그런데 월천꾼은 생각보다 쉬운 일은 아니었어. 단지 사람만 건네주는 것이 아니라 가마를 건네주기도 하고, 말을 건네주기도 하고 무거운 짐도 건네줘야 했거든. 게다가 날이 추워 강에 살얼음이 얼면 얼음을 깨 가며 건너고 홍수가 나서 물이 불어 위험해도 월천꾼은 손님을 업고 강을 건너야 했

기 때문에 물살에 휩쓸려 목숨을 잃는 경우도 많았다고 해.

월천꾼은 짐승의 가죽으로 바지를 만들어 입기도 했는데, 바지가 물에 잘 젖지 않아서 어느 정도 추위를 막아 주는 역할을 했대.

월천꾼에 대한 기록은 손님을 건네주다가 물에 빠져 죽은 사건 몇 가지 외에 남아 있는 것이 없어. 그 이유는 워낙 당시에 월천꾼이 흔한 직업이어서 기록의 필요성을 못 느껴서라고 해.

월천꾼은 다리부터 걷는다
→ 월천꾼이 강을 건너기도 전에 다리부터 걷듯이 어떤 일을 할 때 미리 서둘러 대는 모습을 이르는 말.

속담

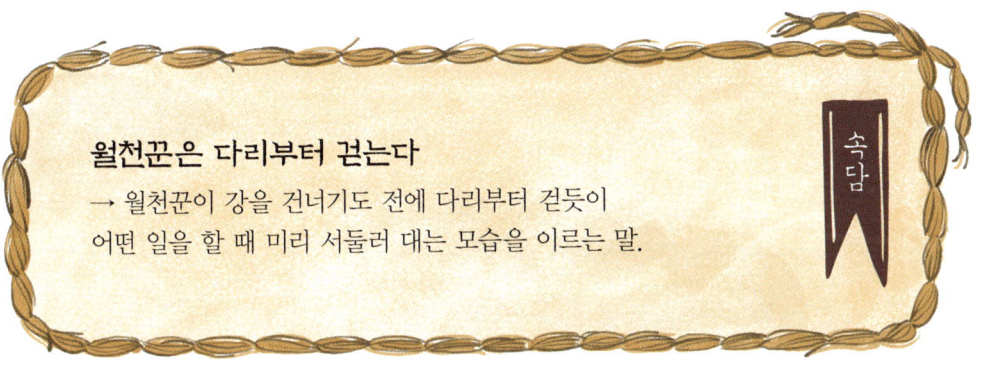

이름 없는 죽음을
배웅합니다

매골승

> 도성에 전쟁과 굶주림으로 죽은 자가 수를 헤아릴 수 없어 쌓인 원통한 기운이 위로 피어올라 그것이 전염병이 되었기 때문에 요즈음 백성들 사이에는 이로 인하여 죽은 자가 더욱 많습니다. 예조*로 하여금 성 밖 몇 곳에 제단을 만들어 제사를 지내게 함으로써 억울하게 죽은 귀신들을 위로하고 막힌 기운을 흩어지게 하는 것이 온당할 것 같습니다.
>
> * 禮曹: 조선 시대 제사, 학교, 과거 등을 관장하던 기관

이것은 조선 《선조실록》 27년 1594년 4월 17일에 기록된 내용이야.

1592년 임진왜란이 일어나고 전쟁이 길어지자 굶주림과 질병으로 많은 사람이 죽었어.

이 땅의 모든 역사가 그러하듯 우리 역사 속에도 크고 작은 전쟁이 있었고 수많은 사람이 목숨을 잃었어. 그뿐 아니라 농사를 지어 먹고살던 우리 조상들은 전쟁뿐 아니라 흉년에도 목숨을 빼앗겼고 전염병에도 수없이 죽어갔지. 그렇게 죽어간 많은 시체는 어떻게 수습했을까?

이름 없이 죽어간 그 많은 죽음을 거두고 장례를 치러 주는 직업이 따로 있었대. 우리 조상들은 이들을 '매골승埋骨僧'이라 했는데, 여기서 '매골'이란 뼈를 묻는다는 뜻으로 전쟁이나 흉년, 전염병으로 죽어 간 사람들의 시신을 수습해서 묻어 주는 승려를 말해.

승려는 부처님을 모시며 깨달음을 얻으려고 수행하는 사람이지만, 조선 시대 승려의 경우는 달랐어. 조선은 불교를 억압한 유교의 나라여서 승려를 '중'이라고 낮잡아 불렀어. '팔천'이라 하여 사노비, 무당, 광대, 상여꾼, 기생, 수공업자, 백정과 함께 승려도 여덟 부류의 천민에 속해서 멸시와 푸대접을 받았어.

나라에서 대놓고 불교를 탄압하니, 오갈 데 없는 사람들이 모여 승려가 되기도 했고, 죄 지은 사람, 빚지고 도망 나온 사람들도 승려가 되었어.

조선의 승려는 신분이 낮은 만큼 온갖 잡일을 하고 살았는데, 나라에서 다리를 놓거나 산성을 쌓는 토목 공사에 불려 나가는 것은 물론이고 종이나 두부를 만들기도 하고 장사를 하거나 채소를 기르고 전쟁이 일어나면 군인으로 나가 싸우기도 하면서 먹고살았어.

실제로 임진왜란 때 서산 대사, 사명당 등이 의병장으로 전쟁에 나가 싸우면서 승려에 대한 인식이 조금 나아지기도 했어.

매골승은 그래도 인정받은 임무가 있는 승려였는데, 나라에서 직접 뽑아 도성의 안팎을 다니며 버려진 시신을 수습하기도 하고 전염병이 돌 때는 가족도 무서워 처리하지 못하는 시신을 나서서 수습해 주기도 하는 어려운 일을 했어.

대신 국가에서 일정한 금액의 대가와 혜택을 받았다고 해. 또한 근면 성

실하게 매장을 많이 한 매골승을 뽑아 관직을 주었다는 기록도 있어.

매골승은 전쟁이나 전염병이 돌 때뿐 아니라 한양과 변두리를 돌다가 버려진 시신을 수습하거나 신고를 받고 찾아가서 거두는 사람 없는 시신을 위해 장례를 치러 주고 좋은 곳으로 떠날 수 있게 도와주었어. 매골승의 시작은 고려 시대로 추측하고 있는데, 고려 후기의 신돈도 매골승을 했다고 알려져 있어.

우리 역사 속에서 오랜 시간 이름 없는 사람들의 죽음을 달래 주고 배웅하던 매골승, 그들도 가난하고 핍박받았던 처지로 남들의 극락왕생極樂往生 (죽어서 좋은 곳에서 다시 태어남)을 빌면서 스스로 위로받지 않았을까 싶어.

속담

가난한 사람은 허리띠가 양식이다
→ 가난한 사람은 배가 고픈 것을 참으려고 허리띠를 졸라맨다는 뜻으로 굶주림에 처한 딱한 신세를 말함.

가난 구제는 나랏님도 못한다
→ 가난한 살림을 도와주는 것은 끝도 없어서 개인은 물론이고 나라도 쉽지 않다는 뜻.

가난한 집 제사 돌아오듯
→ 먹고살기도 어려운 가난한 집에 제삿날이 돌아와 제사를 지내느라 힘이 든다는 뜻으로 힘든 상황이 자주 닥쳐온다는 것을 비유적으로 이르는 말.

가난한 양반 씻나락 주무르듯
→ 가난한 양반이 배가 고파 농사를 지을 벼의 씨앗인 씻나락을 먹을까 말까, 먹으면 당장 배는 불러도 농사를 지을 수 없으니 망설인다는 뜻으로 어떤 일에 결정을 하지 못하고 우물쭈물하는 모습을 비유하는 속담.

제 3장

굼벵이도 구르는 재주가 있다

타고난 재주로 선택한 직업

죽을 만큼 실감 나게 읽어 드립니다

전기수

종로 청계천 근처의 담뱃가게에는 사람이 항상 붐볐어.

담배를 사러 온 사람도 많았지만, 전기수가 읽어 주는 소설을 들으려고 모이는 사람으로 늘 가게 안팎이 북적댔어.

"황후가 된 심청이가 봉사들만 초대해서 잔치를 열었는데, 아! 글쎄, 잔치를 열면 뭐하나? 전국의 앞 못 보는 봉사는 다 찾아온 것 같은데도 정작 아비 심학규의 모습은 온데간데없었다, 이 말이지."

전기수는 실망한 심청이의 마음을 헤아리듯 혀를 쯧쯧 찼어.

"그래서 어떻게 되었나?"

전기수의 주변에 둘러앉아 넋을 놓고 그의 입만 바라보던 사람들이 눈을 빛냈지.

"아버지가 잔치에 오시지 않는 것을 보니 공양미 300석으로 정말 눈을 뜨신 모양입니다."

전기수가 여인의 목소리를 내며 심청이가 된 듯 말했어.

"오호! 그럴 수도 있구나. 눈을 떴네, 눈 떴어!"

한 사내가 자기 일처럼 벌떡 일어나 어깨춤을 추자 모인 사람들이 말리며 다음 이야기를 재촉했어.

"정말 눈을 떴나?"

전기수는 짧게 헛기침을 하고는 눈을 크게 떴어.

"그런데 이때!"

"응, 이때! 빨리 말해 보게. 답답해 죽겠네."

"그래, 이때 뭔가? 무슨 일이 일어난 게야?"

사람들은 애가 타서 다그쳐 물었지만, 전기수는 갑자기 입을 꾹 다물고 한마디도 하지 않았어. 마치 누군가 와서 빛의 속도로 전기수의 입을 실과 바늘로 꿰매 버린 것처럼 꾹 다문 입술은 좀처럼 열리지 않았지.

"왜 아무 말이 없어? 이 사람 그래서 뭐가 어떻게 됐다는 거야?"

춤을 추던 사내가 전기수의 어깨를 잡고 흔들었지만, 전기수는 마치 돌부처라도 된 것처럼 꿈쩍도 하지 않는 거야.

이때 가게 한편에서 묵묵히 담뱃잎을 썰던 담뱃가게 주인이 혀를 차며 말했어.

"답답한 사람들하고는. 그래서 입을 열겠어? 더 듣고 싶으면 돈을 내란 뜻 아니겠나?"

그제야 전기수가 고개를 까딱거렸어.

사람들은 한 푼 두 푼 품에서 엽전을 꺼내 전기수 앞에 놓인 조롱박 속에 넣었어. 곁눈질로 조롱박 속의 액수를 확인한 전기수는 입가에 흡족한 웃음을 흘리고 입을 열었지.

"그런데 이때! 저만치서 구부정한 허리에 누더기를 꿰입은 더러운 노인 하나가 부러진 지팡이를 짚고 더듬더듬 걸어오는 것이 아닌가?"

사람들은 전기수의 말에 손뼉을 치며 한탄을 했어.

"아이코 이런……. 심 봉사가 눈을 못 뜬 모양이네."

춤을 추던 사내가 또 일어나 끼어들자 사람들은 사내를 향해 신고 있던 신발, 먹고 있던 떡 조각 등을 집어 던졌어.

"좀, 조용히 해. 이야기 좀 듣자."

풀이 죽은 사내가 자리에 앉자 전기수가 또다시 이야기를 이어갔고 사람들은 숨죽이며 전기수의 입만 바라보고 있었어.

✵ ✵ ✵

옛날에는 이렇게 '전기수'가 있는 곳에 사람들이 모여들었어. 우리가 글을 몰랐을 때 부모님이나 선생님이 대신 책을 읽어 주었듯이 전기수는 글을 몰라 책을 읽을 수 없었던 백성들에게 대신 책을 읽어 주는 직업이었어.

지금은 의무적으로 학교에 가야 해서 글을 모르는 사람이 거의 없지만, 옛날에는 이런저런 이유로 글공부를 하지 않은 백성이 많았어. 글은 신분이 높은 사람이나 과거를 봐서 출세할 수 있는 남자들이나 배울 수 있었지. 신분이 낮아 먹고살기 바쁜 대부분의 백성은 실제 낫 놓고 기역 자도 모르듯 책을 봐도 '검은색은 글씨요, 흰색은 종이로다'였거든.

심지어 신분이 높은 양반집 딸들도 공부를 시키지 않아 글을 모르는 경우가 많아서 남자인 전기수가 여장을 하고 양반집으로 찾아가 책을 읽어 주기도 했대.

최초의 여학교인 이화 학당이 1886년에 세워졌으니, 그 전의 여인들은 스스로 글을 익히는 아주 드문 경우를 제외하고는 대부분 글을 몰랐다고 할 수 있지.

전기수는 주로 언문이라 하여 양반들 사이에서는 저급하게 여겼던 한글로 된 소설을 읽어 주었는데, 《심청전》, 《숙향전》, 《설인귀전》 등 떠도는 이야기를 엮은 소설들이 인기가 많았대.

전기수는 책 내용을 몽땅 외워서 목소리를 여러 가지로 내기도 하고 책 속 등장인물의 흉내를 내는 등 재주를 섞어서 읽어 주다가 중요한 부분에서 입을 꾹 닫아 버렸대.

이것을 돈을 부르는 요령이라 하여 '요전법邀錢法'이라고 했는데, 공짜로 책을 읽어 주던 전기수의 돈벌이 방법이었지.

조선 정조 왕 때 종로에 위치한 담뱃가게에서 전기수가 읽어 주는 《경업전》을 듣던 사람이 영웅이 뜻을 이루지 못하는 대목에 이르자 실제와 소설을 구분 못 하고 전기수를 죽게 한 일이 있었대.

소설이 유행하고 전기수가 죽는 비극적인 사건이 일어나자 정조 임금은 책을 쓰는 신하들을 불러서 바른 문체를 쓰도록 명령하기도 했는데, 전기수의 인기만큼 조선 사람들은 소설에 푹 빠져 있었대.

소설의 인기 덕분에 책을 대여해 주는 대여점이 성행했고, 원하는 책을 구해다 주는 '책쾌冊儈'라는 직업을 가진 사람들도 생겨났으며, 소설 속 이야기에 빠진 사람들이 다음 내용이 궁금해서 비녀, 반지 등을 맡기며 책 빌리기에 정신이 팔려서 재산을 탕진하는 경우도 있었다지 뭐야.

어떤 사람들이 전기수가 되었을까? 전기수가 되려면 우선 글을 읽을 줄 알아야 하기 때문에 글을 배울 수 있었던 서얼이나 중인이 주로 전기수가 되었어.

　재주가 좋고 인기가 많은 전기수는 10년 동안 일한 돈으로 집을 살 정도로 벌이가 괜찮았대.

　근대화가 되면서 많은 직업이 사라지는 와중에도 극장이 없는 지방의 장터에서 계속 활동했대. 참, 근대화는 옛날 방식에서 새로운 방식으로 더 편리하게 사는 과정이라고 생각하면 돼. 이처럼 전기수는 1960년대까지도 사람들에게 많은 이야기를 들려주었다고 해.

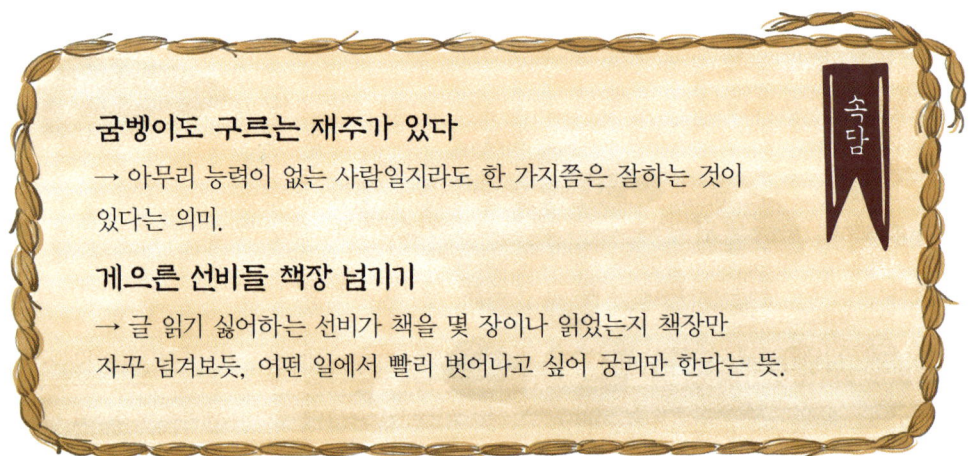

굼벵이도 구르는 재주가 있다
→ 아무리 능력이 없는 사람일지라도 한 가지쯤은 잘하는 것이 있다는 의미.

게으른 선비들 책장 넘기기
→ 글 읽기 싫어하는 선비가 책을 몇 장이나 읽었는지 책장만 자꾸 넘겨보듯, 어떤 일에서 빨리 벗어나고 싶어 궁리만 한다는 뜻.

어헐씨구씨구
흥부자

각설이

부처님의 말씀을 배우려고 당나라로 가던 원효 대사가 해골에 고인 썩은 물을 달콤하게 마시고 '모든 일은 마음먹기 따름'이라는 교훈을 얻었다는 일화를 알고 있니?

위의 이야기의 주인공인 원효 대사의 이야기를 하나 하려고 해.

깨달음을 얻은 원효 대사는 어려운 경전을 쉽게 풀어내는 일을 하다가 요석 공주를 만나 아들을 낳았어. 결혼을 금지했던 스님의 계율을 어기고 자식까지 둔 파계승 원효 대사는 절이 아닌 저잣거리(가게가 늘어서 있는 거리) 로 나섰어.

원효 대사는 왜 저잣거리로 갔을까?

저잣거리에는 전쟁으로 가족을 잃은 고아부터 집도 없이 떠돌아다니는 사람, 장사꾼, 농사를 짓는 사람들, 공연하는 광대 등 각양각색의 신분이 낮은 사람들이 모여 있었어. 원효 대사는 광대들이 춤을 추는 곳에 뛰어들어 광대와 어울려 신명 나게 춤을 추고 노래를 부르기 시작했어. 간혹 원효 대사를 알아보는 사람은 손가락질하며 혀를 찼지.

"원효가 파계승이 되더니 드디어 미쳤나 보군. 저것이 무슨 해괴한 꼴인가."

그럴 만도 한 것이 신라는 불교의 나라였고 불교는 왕족과 귀족의 종교라고 할 수 있었기 때문에 조선 시대 천민 취급을 받던 것과 달리 신라의 승려는 일반 백성보다는 귀족에 가까운 신분이었거든.

춤을 추는 원효 대사를 보던 광대 하나가 들고 있던 큰 박을 던져 주며 말했어.

"좀 놀 줄 아시네. 자, 여기 있소. 가지고 한껏 놀아 보시오."

박을 받아 든 원효 대사의 춤사위는 구경하던 술꾼도 지나가던 불량배도 숨어 있던 도둑들도 끌어들였어. 모두 한데 어울려서 춤을 추고 노래를 따라 불렀지.

　원효 대사는 장소와 때, 사람을 가리지 않고 함께 어우러져서 친구가 되어 춤을 추고 노래를 불렀어. 그러자 이상한 일이 일어났어. 원효 대사와 어울려서 돌아다니던 불량배는 더는 사람들을 괴롭히지 않았고 도둑은 도둑질을 하지 않았으며, 술꾼은 술에 취하지 않게 되었대. 원효 대사와 어울린 사람들은 깨달음을 얻어 나쁜 짓을 하지 않게 된 거야.

　원효 대사는 가난하고 힘 없는 사람들에게 춤과 노래로 가르침을 전한 것이지. 불교에서는 원효 대사가 사람들을 데리고 다니면서 춤을 추고 노래를 부른 것을 어떤 집단의 시초라고 보기도 하는데, 그것은 '각설이'야.

　각설이는 여기저기 돌아다니며 동냥을 하는 동냥아치를 말하는데, 이들의 시초가 위대한 원효 대사라니, 놀랍지 않아?

　그러한 해석은 '각설이'를 한문으로 쓰면 '각설이覺說理'라는 것으로 이어지는데, 각설이의 '각'은 깨달을 각(覺), '설'은 말씀 설(說), '이'는 이치 리(理)로 백

성들에게 깨달음을 전하는 말로 세상의 이치를 알려준다고 풀이할 수 있어.

원효 대사가 바가지를 들고 백성들과 춤추고 노래하면서 불교를 전했고 원효 대사를 따르던 사람이 많았기 때문에 각설이의 시초라고 보는 것 같아. 각설이는 사람이 많이 모이는 장터나 잔칫집, 또는 상갓집에 단골손님으로 나타나 대문 밖에서 또는 장터 어귀에서 떼를 지어 신명나게 노래부터 불렀지.

"어얼 씨구씨구 들어간다 저얼 씨구씨구 들어간다, 작년에 왔던 각설이 죽지도 않고 또 왔네. 각설이라 하지만 이래 봬도 정승판서 자제로 팔도감사를 마다하고 돈 한 푼에 팔려서 각설이로 나섰네. 지리구 지리구 잘한다 품바하고 잘한다……."

시끌벅적한 장터와 잔칫집에 흥을 돋우면서 존재감을 빛내던 각설이의 목적은 단 한 가지, 밥을 얻어먹기 위함이었어.

지방마다 조금씩 다르다고는 하는데 각설이가 불렀던 노래, 즉 장타령 또는 각설이타령의 도입부는 대부분 비슷했던 것 같아. 남은 밥을 구걸하러 온 거지가 호기롭게 정승판서의 자제라고 허풍을 떠는 내용을 신명 나게 부르면 잔칫집에서는 거나하게 차려진 밥상이 나오기도 하고 가난한 백성들의 집에서는 식은 보리밥 한 덩이가 나왔으며, 가끔 인심 고약한 집에서는 매를 든 하인이 나오기도 했대.

말이 좋아 각설이지 요즘 말로 하면 거지가 아니냐고? 그렇지 각설이를 거지의 조상이자 같은 부류로 볼 수 있지만 '각설이'라는 이름에서부터 그냥 거지라고 푸대접하기엔 아쉬움이 있어.

각설이가 부르던 각설이 타령을 살펴보자면 자신들은 사실 정승판서의 자녀로 벼슬도 마다하고 돈 한 푼에 팔려서 각설이로 나섰다는 과장된 가사가 나와. 비록 지금은 밥을 얻어먹는 처지지만 자존심만은 살아 있다는 것과 아무리 신분이 높은 사람도 자신들처럼 동냥아치가 될 수 있다는 경계심을 주기도 했지. 또한 남의 집이나 가게에 불쑥 들어가 동냥을 하는 것은 무례한 짓이라 밖에서 각설이가 왔다고 알리는 신호이기도 했어.

　각설이들은 여럿이 모여서 함께 다녔기 때문에 '각설이패'라고 불렀는데, 대부분이 사회에서 소외된 인물이었어. 조선 후기 신분 제도가 붕괴하면서 신분이 낮아진 사람들이나 사회적으로 버림받은 약자들이 모인 집단으로 떠돌아다니며 각설이 타령을 통해 사회적인 풍자를 하기도 했어.

　지금은 각설이의 춤과 노래가 남아 행사나 축제 등에 이용되기도 해. 옛날 바가지를 들고 밥을 얻는 목적이 아니라 물건을 팔거나 행사의 흥을 돋우려는 이벤트적인 직업이 되었지.

재미있는 우리말

동냥하려거든 작은 방울을 흔들어라?

동냥이란 거지가 물건이나 돈을 얻으러 돌아다니는 일을 뜻하는데, 이 말은 놋쇠로 만든 작은 방울에서 온 말이야. 원래 불교의 의식을 행할 때 불심을 강하게 일으키기 위해서 놋쇠로 만든 방울인 요령을 흔드는데 이것을 동령(動鈴)이라고 했어. 요령은 도를 닦는 스님들이 마을을 돌며 양식을 얻는 탁발을 할 때도 흔들었는데, 훗날 이것이 구걸한다는 뜻으로 바뀌게 되었지. 조선 시대 억불 숭유(抑佛崇儒 유교를 높여 소중히 하고 불교를 억제함) 정책으로 절의 살림이 어려워지자 스님들이 요령을 흔들며 곡식이나 돈을 얻는 탁발을 했고 탁발 효과를 높이려고 목탁, 북, 꽹과리 등을 연주하기도 했는데, 이것이 풍물을 치며 돈을 걷는 걸립패들에게 전수되고 장타령까지 이어졌다고 보기도 해. 돌아다니며 동냥을 하는 사람을 '동냥아치'라고 부르기도 했어.

재주는 곰이 부리고
돈은 되놈이 번다

농후자

2024년 많은 이들을 웃고 울게 했던 판다가 있었어. 곰의 이름은 푸바오. 푸바오는 2014년 중국 시진핑 주석의 방한 이후 에버랜드로 들여온 아빠 곰 러바오와 엄마 곰 아이바오의 첫 새끼 곰이지. 귀여운 공주라고 푸공주, 푸린세스, 몸 색깔이 누룽지 같다고 푸룽지, 푸질머리(푸바오의 성질머리쯤으로 해석), 용인 푸씨 등 받는 사랑만큼 많은 애칭을 가진 푸바오는 2020년 7월 20일에 대한민국 최초 자연 번식으로 태어난 판다야.

한국 땅에서 태어나 한국 사람들의 사랑을 독차지하며 1,354일을 산 푸바오는 한국과 중국이 체결한 〈자이언트 판다 보호 연구에 관한 협의서〉로 2024년 4월 3일, 중국에 반환되었고, 많은 팬이 아쉬운 작별의 눈물을 흘렸어.

중국은 우호적인 관계를 펼치려고 다른 나라로 판다를 보내는 이른바 '판다 외교'를 펼쳐. 그런데 중국뿐 아니라 예로부터 여러 나라에서 많은 동물이 나라와 나라를 이어 주는 외교관 역할을 해 왔어.

우리나라도 다른 나라에 외교 선물로 동물을 받아 왔는데, 고려의 태조 왕건은 거란에 낙타를 받았고, 조선 태종은

일본에 코끼리를, 선조 때는 공작새를 받는 등 희귀 동물을 주고받는 외교적 관행은 긴 역사를 가지고 있지.

하지만 옛날의 동물들은 지금의 판다처럼 사랑을 받는 처지는 아니었대. 당시 사람들에게는 생소한 동물이어서 돌보기도 힘들었고, 병에 걸려도 치료가 어려워 금방 죽는 경우가 많았대. 왕건이 받은 낙타 50마리는 굶어 죽었고, 조선 태종이 받은 코끼리는 사람을 밟아 죽여 전라도의 섬으로 유배를 보냈다고 하니, 동물을 선물로 받는 것이 즐거운 일만은 아니었을 거야. 그래서인지 조선의 연산군 때는 일본이 원숭이를 바치자 돌려준 일도 있었대.

이렇게 외교 선물로 우리 땅에 들어왔다는 원숭이는 고구려 고분 벽화에도 남아 있을 정도로 오랫동안 우리와 함께했어. 그래서 원숭이를 조련하고 돌보는 직업이 따로 있었어.

처음에는 주로 나라의 말을 돌보는 사복시라는 관청에서 원숭이를 키웠지만, 그 수가 늘어나자 궁 밖으로 분양을 했고 원숭이를 전문적으로 돌보고 훈련시켜서 공연을 펼치는 '농후자'라는 사람이 생겨났지.

〈태평성시도太平城市圖〉라고 작가는 알려지지 않았지만, 조선 후기의 작품으로 추정하는 그림이 있어. 다양한 사람의 일상생활 모습이 그려져 있는 여덟 폭의 대형 병풍인데, 그림을 보면 높은 솟대를 오르는 원숭이가 염소를 탄 농후자에게 목줄을 잡힌 채 공연하는 모습이 그려져 있어.

농후자는 여기저기 떠돌아다니며 공연하는 유랑 공연단의 일원이거나 혼자 원숭이를 데리고 공연하기도 했는데, 원숭이 공연은 여러 작품에서 그 기록을 볼 수 있어.

✳ ✳ ✳

옛날에 시장에서 원숭이 공연을 하던 사람이 있었대. 그는 비록 원숭이를 이용해서 먹고사는 처지였지만, 원숭이를 아끼는 마음이 지극해서 한 번도 채찍을 들지 않았지. 날이 저물어서 돌아갈 때는 늘 원숭이를 어깨에 얹고 걸어갔대. 아무리 피곤한 날이라도 원숭이를 어깨에서 내려놓지 않을 만큼 아꼈다고 해.

그러던 어느 날 주인이 병에 걸려 죽고 말았어. 원숭이는 그의 시신 옆을 떠나지 않고 우는 시늉을 하거나 사람들을 향해 절을 했대. 사람들은 혼자 남은 원숭이를 가엾게 여겨서 돈을 주었는데, 그렇게 번 돈으로 죽은 주인의 장례를 치렀다고 해. 주인의 시신을 화장하는 날 원숭이는 그 곁에서 슬픈 울음소리를 내다가 주인의 시신이 반쯤 타고 있을 때 스스로 불길을 향해 뛰어들었대.

✳ ✳ ✳

앞서 '가난한 양반의 내 나무' 이야기도 《추재기이秋齋紀異》 속의 이야기인데 '추재'라는 호를 가진 조수삼이라는 사람이 지은 《추재기이》라는 시집은 농후자와 원숭이의 이야기도 싣고 있어. 조수삼은 이야기를 좋아하던 사람이라 여기저기 돌아다니고 많은 사람을 만나면서 이야기보따리를 불려 나갔어. 그가 재미있게 듣거나 만난 별난 사람들의 이야기는 그의 머릿속에만 너무 오래 담겨 있어서 많이 잊히기도 했대.

붓도 들기 힘들 만큼 노쇠한 나이가 된 조수삼은 더 나이가 들어 기억이 사라지기 전에 이야기보따리를 풀어 시로 남겼지.

그의 시에는 거지, 종, 노인, 여인, 장애인 등 당시에 소외받고 살거나 별난 사연을 가진 사람들의 이야기가 담겨 있어. 원숭이를 엄하게 길들이면 돈을 더 벌 수 있을 법도 한데, 채찍을 들어 조련하지 않고 지극한 정성으로 원숭이를 돌보던 한 농후자도 조수삼에게는 기인이라 여겨질 만큼 신기했던 모양이야.

은혜를 갚고 주인을 따라 죽은 원숭이에 대한 시를 통해서도 농후자가 있었다는 것을 확인할 수 있어.

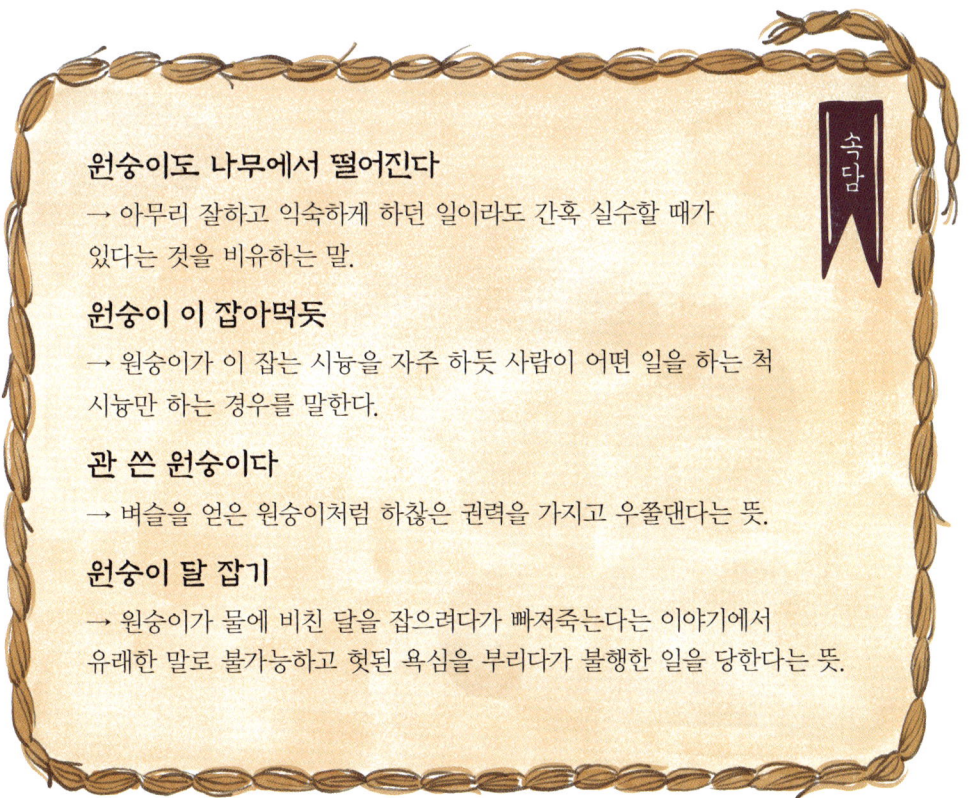

속담

원숭이도 나무에서 떨어진다
→ 아무리 잘하고 익숙하게 하던 일이라도 간혹 실수할 때가 있다는 것을 비유하는 말.

원숭이 이 잡아먹듯
→ 원숭이가 이 잡는 시늉을 자주 하듯 사람이 어떤 일을 하는 척 시늉만 하는 경우를 말한다.

관 쓴 원숭이다
→ 벼슬을 얻은 원숭이처럼 하찮은 권력을 가지고 우쭐댄다는 뜻.

원숭이 달 잡기
→ 원숭이가 물에 비친 달을 잡으려다가 빠져죽는다는 이야기에서 유래한 말로 불가능하고 헛된 욕심을 부리다가 불행한 일을 당한다는 뜻.

태평성시도 太平城市圖

⟨태평성시도⟩의 일부다.
그림 속 인물들의 옷이나 집의 모양 등은 중국적이다.
그러나 풍속과 물건 등은 조선의 모습을 나타낸 그림이다.

출처 국립 중앙 박물관(공공누리)
소장품 번호 덕수 4481

무성 영화 시대의 아이돌

변사

관객들이 가득 들어찬 극장의 무대 위로 한 남자가 올라갔어.

남자는 키가 크고 시원시원하게 생긴 외모에 양복을 말끔하게 차려입은 신사였지.

남자가 무대에 오르자 기다렸다는 듯 여자들의 함성이 여기저기서 터져 나왔어.

"오빠! 여기 좀 봐 주세요."

"사랑해요, 서상호! 함께해요, 서상호!"

어린 여자아이부터 허리가 굽은 노파까지 남자의 이름을 부르며 환호했지. 여자들뿐만 아니라 빡빡머리의 어린 남자아이부터 배가 나온 아저씨, 이가 듬성듬성 남은 노인장까지 남자의 등장에 열광했어.

남자가 무대에 서자 꽃, 넥타이, 옷, 간식 등 선물이 무대 위로 던져졌어. 남자는 익숙하다는 듯 선물을 받아서 챙기고는 관객들을 향해 인사를 했어.

"고맙습니다. 오늘도 많은 분이 오셨네요. 우미관에 뭘 볼 것이 있다고 이렇게 모이셨을까? 어디 말 잘하고 잘생긴 변사라도 나온답니까?"

남자가 능청스럽게 말하자 관객들이 입을 모아 소리쳤어.

"서! 상! 호!"

남자는 뿌듯한 미소를 지으며 손을 흔들어 인사를 하고 주머니에서 자전거 나팔을 꺼내 다리 사이에 끼고 우스꽝스러운 걸음을 걸었어. 남자가 걸을 때마다 뻑뻑뻑뻑 방정맞은 자전거 나팔소리가 들렸지.

"아니! 이게 무슨 소리인가? 점잖은 신사가 걸어가는데, 누가 호들갑스럽게 방귀를 뀌는 거야?"

남자는 방귀 주인이라도 찾는 듯 우스꽝스럽게 걸어 관객 쪽으로 다가갔어.

남자가 걸을 때마다 뻑뻑 요란한 소리가 났고 관객들은 배꼽을 잡고 웃었어.

관객의 호응에 흡족해진 남자가 이번엔 뻑뻑 자전거 나팔 소리에 맞춰 춤을 추었어. 남자의 춤에 등이 굽었던 노파가 허리를 펴며 웃었고 엄마의 등 뒤에서 칭얼거리던 아기도 방긋방긋, 오줌을 참던 개구쟁이는 오줌을 싸는 줄도 모르고 남자의 춤에 빠져 버렸대.

✶ ✶ ✶

우스꽝스러운 춤으로 관객을 사로잡은 이 남자는 그 당시의 아이돌이며 개그맨이었고 배우였던 서상호라는 사람이야. 그의 직업은 우미관이라는 극장에 소속된 변사였어. 변사라는 직업을 들어 봤니? 어린이들에게는 생소한 직업이겠지만, 1920년대부터 극장을 찾는 사람들에게 요즘의 아이돌

못지않은 인기를 끌던 화려한 직업이었어.

앞에서 책 읽어 주는 전기수 이야기를 했는데, 변사는 전기수의 후예쯤이라고 볼 수 있지만, 그 인기와 대우는 비교할 수가 없었지.

당시 고위급 관리들의 월급이 30~40원 정도라면 변사 서상호가 극장에서 받는 월급은 400원이 넘었어. 우미관 소속인 서상호를 단성사라는 극장에서 월급을 더 올려 주고 데려가는 바람에 우미관에 손님이 뚝 끊긴 일도 있었다고 해.

변사 서상호는 관객 앞에서 춤을 추고 우스갯소리를 하기도 하지만 그의 가장 중요한 일은 무성 영화의 해설을 하고 배우처럼 목소리로 연기를 하는 일이었어.

조선에 영화가 들어온 것은 19세기 후반에서 20세기 초인데 당시의 영화는 영화라기보다 움직이는 사진 정도라고 할 수 있었어. 내용이 없이 풍경이나 사람들의 움직임 등을 촬영해서 보여 주는 정도라 사람들은 영화를 움직이는 사진이라는 뜻의 '활동사진'이라고 불렀어.

1920년대로 들어서면서 미국 등의 나라에서 내용은 있지만, 소리가 없는 무성 영화가 수입되고 영화의 내용을 설명해 주는 변사가 인기를 얻게 돼. 텔레비전이 없던 시절이었기 때문에 무성 영화는 사람들에게 큰 인기였어.

변사는 화면만 보이는 영화를 해설해 주고 배우의 대사를 성대모사 하면서 생생한 재미와 감동을 주었는데, 변사가 누구냐에 따라 영화의 재미가 달라져서 서상호처럼 인기 있는 변사를 찾는 사람이 많아졌어.

변사의 인기가 높아지자 영화관은 변사실을 두어서 여러 명의 변사를 전

속으로 두고 상영을 했고 영화를 개봉할 때 변사가 누구냐에 따라 흥행을 좌우하기도 했지.

　변사는 스크린 옆에 작은 책상을 두고 앉아 있어. 책상 위에는 대본을 밝혀 주는 작은 스탠드 조명이 있고, 영화에 따라 악기를 연주하는 연주가가 함께하기도 했어.

　또한, 영화의 시작 전과 중간을 막간이라고 해서 변사가 일종의 개인기를 펼치며 막간 쇼를 하기도 했는데, 영화 해설도 잘하고 개인기도 많은 변사의 인기는 대단했다고 해.

　변사가 활발하게 활동하던 무성 영화 전성기에는 우리나라가 일제의 압박을 받던 암울한 시대였어. 일제의 핍박으로 괴로운 사람들에게 변사는 잠시라도 현실을 잊고 웃을 수 있는 위로와 같은 존재였을지 몰라. 극장에는 검열을 위해 일본 경찰관이 들어와 감시를 했는데, 혹시라도 변사가 일제에 저항하는 말을 하면 바로 체포하기도 했대.

　처음에는 오락을 목적으로 하는 외국의 영화들이 주로 상영되다가 우리나라 감독이 만든 영화들이 상영되면서 영화 속에 민중을 계몽하거나 일제에 맞서 싸우는 메시지를 담기도 했어.

영화를 해설하는 변사가 일제의 눈치를 보면서도 우리 민족의 가려운 곳을 골라가며 긁어 주는 역할을 했으니 인기가 좋았지.

1935년 〈춘향전〉이 최초의 소리가 담긴 영화로 제작되면서 무성 영화의 시대는 끝나게 돼. 물론 소리가 담긴 영화가 등장해도 예전 인기 있던 무성 영화는 재상영 되었고 변사들의 활동은 이어졌지. 그리고 1948년 〈검사와 여선생〉이라는 무성 영화를 마지막으로 더는 무성 영화가 제작되지 않자 변사는 차츰 설자리를 잃어 사라진 직업이 되었어.

집 한 채쯤은 머리에 얹어 줘야 명품이지

가체장

옛날 어느 부잣집에 갓 시집을 온 새색시가 있었어. 새색시는 어려서부터 외모가 뛰어났고 몸치장에도 관심이 많았지만, 집안이 가난해서 비단옷이나 예쁜 장신구를 마음껏 풍족하게 갖지 못했어. 친구들과 모임이라도 하는 날에는 친구들의 화려한 옷과 장신구에 잔뜩 주눅이 들고 질투에 속만 부글부글 끓이다가 돌아오곤 했지. 하지만 이제 부잣집으로 시집왔으니 마음껏 몸치장을 할 수 있게 됐지 뭐야.

새색시가 외국에서 들여온 값비싼 비단옷이며 귀한 장신구들을 마구 사들여도 시댁 식구들은 예쁘게 꾸민 새색시의 모습을 보고 기뻐해 주었어.

그 당시 결혼한 여인들은 머리카락을 풍성하게 보이도록 땋은 '가체'라는 것을 머리에 올려 어른이 된 것을 상징했기에 새색시도 머리를 올렸지. 새색시는 솜씨 좋기로 이름을 날리는 몸값 비싼 가체장을 찾아갔어. 시집와서 처음 친구들과 모임을 앞둔 터라 도성 안의 그 누구보다 예쁜 머리를 하고 싶었거든.

"요즘 부인들은 어떤 가체를 많이들 하는가? 난 무조건 최고로 해 주게."

새색시의 말에 수박만 한 큰 가체를 머리에 올린 가체장이 말했어.

"요새는 무조건 큰 게 최고랍니다. 가체가 클수록 품위가 높아진다고나 할까요?"

새색시는 손뼉을 치며 환호했어.

"자네가 지금껏 했던 가체보다 더 크게, 아주 크게 만들어 주게."

가체장은 보란 듯이 윤기가 흐르는 자신의 가체를 매만지며 말했어.

"아시다시피 제가 만든 가체는 값이 좀 나간답니다. 초가집 일곱 채 값은 치르셔야 할 텐데요."

"날 어찌 보고 그러나? 내가 초가집이 아니라 기와집 한 채 값도 못 치를까 봐? 무조건 크게 해 주시게."

가체장은 심혈을 기울여서 새색시에게 커다란 가체를 만들어 주었어.

새색시의 가체는 가난했던 처녀 시절의 한이라도 푸는 듯 크기를 불리고 불려 마치 머리에 거대한 산 하나를 이고 있는 듯 희한했어. 당시에는 큰 가체가 유행이라 그 모습이 아름다워 보였을지도 모르지.

목도 마음대로 가눌 수 없을 만큼 엄청나게 무거웠지만, 누구보다 큰 가체에 만족한 새색시는 힘든 것 따위는 이겨낼 수 있었지. 내일 가체를 보고 눈이 휘둥그레지고 코가 납작해질 친구들의 모습을 상상하면 가체의 무게가 깃털처럼 가볍게 느껴졌대.

하지만 기분만 그랬을 뿐 실제로는 가체가 무거워서 누우면 일어날 수도 없을 지경이었어.

"부인, 머리 때문에 잠이나 편히 잘 수 있겠소?"

새색시의 남편이 걱정스럽게 물었어.

"괜찮습니다. 누우면 머리가 망가지잖아요. 전 앉아서 자는 것도 할 수 있습니다. 심려치 마시고 편히 주무세요."

새색시는 남편의 걱정을 뒤로 하고 벽에 머리를 기댄 채로 잠을 청했어.

아침이 밝자 밤새 잠을 설친 새색시는 무거운 가체만큼 무거운 눈꺼풀을 간신히 이기고 시부모님께 아침 문안을 나섰어. 옛날에는 자식들이 아침저녁으로 부모님의 안부를 확인하는 문안 인사를 하는 것이 예의였거든.

"아버님 어머님, 잠자리는 편안하셨는지요?"

시부모님은 인자한 웃음으로 새색시와 남편을 맞아 주었어.

"그래, 새아기도 간밤에 편히 잤느냐?"

"예, 덕분에 잘 잤습니다."

새색시는 가체에 눌려 휘청이는 목을 간신히 가누며 거짓말을 했어.

"새로 한 머리가 보기 좋구나."

시아버지가 칭찬을 하자 새색시는 미모를 인정받은 듯 기뻤지.

"어머님 아버님, 아침 문안받으시지요."

새색시와 남편은 절을 올리려고 나란히 섰어. 새색시가 큰머리를 위태롭게 가누며 절을 하려고 고개를 숙였지. 그러자 새색시의 입에서 짧고 날카로운 비명이 새어 나왔어.

"으악!"

절을 하려던 새색시가 가체의 무게 때문에 그만 앞으로 고꾸라진 거야.

목을 다친 새색시는 결국 벼르던 친구 모임에 가지 못했고 친구들 앞에서 집채만 한 가체를 뽐내지도 못했으며, 친구들의 부러운 눈빛을 받지도 못했어.

✳ ✳ ✳

이 우스꽝스럽지만 비극적인 이야기는 믿기 힘들겠지만 실제로 있었던 사건을 조금 각색한 이야기야. 요즘도 유행에 따라 패션의 흐름이 달라지듯 과거에도 유행은 존재했어.

머리를 풍성하게 보이게 하는 큰 가체는 조선 연산군 때 유행의 절정을 이루었대. 지금처럼 가벼운 인조 머리카락이 없을 때라서 가체에 쓰인 머리카락은 죄수들의 머리카락이나 승려가 되려고 자른 머리카락, 남자들이 상투를 틀 때 남은 머리카락 등 사람의 머리카락을 이용해서 그 무게가 상당했어.

가체를 만들고 머리에 꾸며 주는 일을 하는 사람을 '가체장'이라고 불렀는데 여러 사람의 모질(毛質: 털의 품질)이 각기 다른 머리카락을 모아 각종 약품으로 탈색하고 균일하게 염색해서 다듬는 것이 예술의 경지에 이를 만큼 복잡했대. 그래서 솜씨 좋은 가체장이 만든 가체는 초가집 여러 채와 맞바꿀 만큼의 값이 매겨지는 명품이라고 할 수 있었대. 가체 명장의 명품 가체는 엄청난 사치를 불러왔지. 돈 많은 양반뿐 아니라 평민 아낙들에게도 큰 가체가 유행했다고 해.

집 여러 채의 값만큼 무거운 가체를 이고 다니던 사치스러운 사람들도 있었던 반면에 가난 때문에 머리를 잘라 팔아야 하는 사람들도 있었어.

신체발부수지부모身體髮膚受之父母라 하여 몸과 털과 피부는 부모에게서 받은 것으로 머리카락 하나도 함부로 다치게 하면 효도에 어긋난다고 여기던 때라. 그 당시 사람들은 머리카락을 함부로 자르는 일을 큰 불효라고 믿었어.

그러니 자연히 머리카락은 구하기 힘든 것이고 비싸게 팔렸지. 가난한 아낙들이 목돈을 마련할 수 있는 수단으로 머리카락을 잘라 팔기도 했고 말이야.

그렇게 유행에 따라서 점점 크기가 커지던 가체는 영조 왕과 정조 왕 때에 이르러 사치를 금하려고 가체를 금지하고 법으로 단속하면서 차차 없어졌어. 한때 유행을 선도하던 '가체장'이라는 직업도 자연스레 역사 속으로 사라지게 되었어.

가체 加髢

출처 국립 민속 박물관(e뮤지엄)
소장품 번호 민속 67180

제4장

개처럼 벌어
정승처럼 쓴다

재벌을 만들어 낸 천한 직업

패랭이에 방울 달고
축지법을 쓰는 자

보부상

보부상이라고 들어 봤니? 조선 시대를 배경으로 한 드라마 속에서 동그란 솜 방울이 달린 패랭이(모자)를 쓴 보부상들이 커다란 등짐을 지고 먼 길을 가거나 주막에 들러 국밥 한 그릇으로 피로를 푸는 모습을 보았을 거야.

지금은 도로뿐 아니라 하늘길도 발달해 물건을 사고팔 때 차나 비행기로 손쉽게 운반하지만, 이동 수단이 변변치 않았던 옛날에는 사람이 직접 물건을 짊어지고 걸어서 운반했어.

소금, 항아리, 나무 그릇 등 부피가 큰 물건을 지게에 지고 다니며 팔던 등짐장수인 부상과 비단, 면화, 가죽, 모시 등 부피가 작고 비싼 물건을 보자기에 싸서 다니던 봇짐장수인 보상을 아우르는 이름이 바로 보부상이야.

보부상이라는 이름이 붙기 전에는 장으로 돌아다닌다고 해서 '장돌뱅이'나 '장꾼'으로 불렸는데, 길이 좁고 험한 산길이 많은 우리나라 지형에서 보부상은 지역을 이어 주는 중요한 역할을 했어.

원래 보부상은 혼자 떠돌며 장사하는 힘없는 장사꾼에 불과했지만, 훗날 전국적으로 힘을 가진 조직이 되어 많은 일을 하게 되는데, 그 중심에 백달원이라는 한 남자가 있었어.

백달원은 부하 몇 명과 전국을 떠돌던 장사꾼이었는데, 우연히 여진족과의 전쟁터에서 한 고려 장수를 만나게 돼. 백달원은 부상을 당해 크게 다친 장수를 지게에 짊어지고 구출을 했지. 그런데 그 장수가 바로 조선을 건국한 이성계였어.

백달원이 이성계를 구해 주면서 살펴보니 그가 보통 사람이 아닌 것 같았어. 전쟁터에서 부상당하고도 굴하지 않는 패기와 용기를 보고 감동했어. 그래서 이성계를 위한 일이라면 무엇이든 해야겠다고 마음먹었지.

백달원은 이성계가 출전하는 전쟁터마다 자신의 부하 보부상들을 내보내 곤경에 빠진 이성계를 구해 주었지. 이성계는 보부상들을 조직적으로 움직였어. 보부상들은 전국 각지의 정보를 수집하고 민심을 파악해 고려 왕조를 지키려는 반대파를 몰아내는 중요한 역할을 했어. 백달원과 보부상들은 조선 건국에 큰 공을 세웠지. 그뿐 아니라 조선 초기에 임금인 이성계가 힘을 가질 수 있도록 막대한 비용을 지원해 주기도 했어.

이성계도 곁에서 수십 년 동안 공을 세운 백달원에게 보상을 해 주었지. 이성계의 명령에 따라 백달원은 전국 보부상들의 거점인 임방을 두고 '부상청'이라는 보부상 조직을 만들 수 있었어. 그래서 독점 판매의 이권을 가지고 조선의 상권을 장악해 권력과 부를 모두 거머쥔 큰 부자가 되었어.

이성계가 전쟁터에서 피를 흘리고 있을 때 백달원의 부하가 가지고 있던 면화(솜)로 지혈을 해 주어 목숨을 구했는데, 그 뒤부터 보부상이 쓰고 다니던 패랭이에 동그란 솜 방울을 달게 했어. 처음에는 보부상의 패랭이에는 솜 방울이 하나 달려 있었어.

그러다 훗날 병자호란 때 남한산성으로 피신을 하던 조선의 16대 왕 인

조가 상처를 입자 한 보부상이 가지고 있던 솜으로 지혈을 해 주어 위기를 면했대. 인조는 태조 이성계 때의 일을 떠올리며 보부상의 패랭이에 솜 방울을 하나 더 달게 했다고 해.

그렇게 보부상의 패랭이에는 왕들의 목숨을 구한 공로의 표식으로 솜 방울이 달리게 되었어.

나라의 건국에 힘쓰고 왕의 목숨까지 구했던 보부상은 전쟁이 일어나면 군인 역할을 했고, 나라의 경제가 어려워지면 돈을 내놓았으며 일제 강점기에는 독립운동에도 참여했어.

우리 역사에 큰 역할을 했던 보부상은 눈비를 맞고 추위와 더위를 이기며, 먼 길을 걸어 다녔고 간혹 산적이나 호랑이를 만나 변을 당하는 위험도 감수해야만 했어.

패랭이

출처 국립 민속 박물관
소장품 번호 민속 68

한국 전쟁이 끝난 뒤에도 자동차가 다니지 못하는 좁고 험준한 길이 많아서 보부상의 활동이 계속 되었어. 하지만 도시가 세워지고 길이 넓어지고 곳곳에 상점들이 들어서면서 보부상도 자연스럽게 자취를 감추게 되었어.

지금은 울진과 봉화를 잇는 열두 개의 고개 '보부상길'이 남아, 잊힌 그들을 기억하고 있지.

당시 몸집보다 네다섯 배 큰 등짐을 지고 험한 길을 걸어 다니던 보부상들은 지금처럼 인터넷 클릭만으로 물건을 사고파는 시대를 상상이나 했을까?

> 미역 소금 어물지고 춘양장을 언제 가노
> 대마 담배 콩을 지고 울진장을 언제 가노
> 서울 가는 선비들도 이 고개를 쉬어 넘고
> 오고 가는 원님들도 이 고개를 자고 넘네
> 한평생을 넘던 고개 이 고개를 넘는구나
> 꼬불꼬불 열두 고개 주물주도 야속하다
> 십이령길 열두 고개 가도 가도 끝이 없네
>
> 보부상들이 무거운 짐을 지고 다니며 불렀다고 전해지는 민요
> 〈울진십이령아리랑〉 중에서

재벌 집
막내아들

역관

우리가 상상하는 것보다 더 오래전부터 우리나라는 외국의 여러 나라와 교류를 해 왔어. 생김새와 문화가 다르고 말도 통하지 않는 외국인과 우리 조상들은 어떻게 대화했을까? 그때도 지금의 통역관과 같은 '역관'이라는 직업이 있었어.

하지만 지금의 통역관과는 달리 역관은 외교관, 첩보원, 상인에까지 활동 영역이 뻗어 있어 재벌만큼 부자가 될 수 있는 직업이었어.

대부분 중인이라고 부르던 하층 관리의 신분이었던 역관은 국가 외교의 중요한 업무를 맡고 있으면서도 신분이 낮다는 이유로 천한 취급을 받았어.

과거의 무역은 나라 간의 공정한 무역이 아니라 대부분 '조공 무역'이었어. '조공朝貢'이란 힘이 약한 나라에서 정기적으로 사절(나라를 대신하여 외국에 파견되는 사람)을 보내 강한 나라의 황제에게 인사를 하고 귀한 물건을 바치는 것을 말하는데, 당시 중국 주변의 국가들이 힘이 강했던 중국에 사신을 파견해 공물을 바치고 그 답례로 하사품을 받아 오는 것이 무역의 주된 형식이었지.

우리와 언어가 다른 나라에 사신을 파견할 때 통역을 할 수 있는 역관을 데려갔고 다른 나라의 사신이 찾아와도 대접을 위해 역관에게 통역을 맡겼어. 이들은 왕이나 대신들의 말을 통역해 주는 역할을 하면서 무역 활동을 하기도 했는데, 그 배경은 좋지 못한 역관들의 대우에 있었어.

원래 역관은 과거 시험인 '역과'를 통해 선출되었지. 하지만 월급인 녹봉이 넉넉하지 않아 외국에 나갈 경비를 스스로 내야 하는 지경이라 역관들은 다른 방법으로 돈을 충당해야 했어.

외국에 나갈 때 물건을 사 가서 팔기도 하고 외국에서 물건을 사서 들여오기도 하면서 돈을 벌었는데, 나라에서도 이런 역관들의 무역을 인정해 주었대.

역관들이 중국에 가져가 팔았던 인기 상품은 인삼이었어. 지금도 그렇지만 중국 사람들이 우리의 품질 좋은 인삼을 아주 귀하게 여기고 좋아했고, 만병통치약처럼 대접을 받았다고 해.

또한, 중국과 일본의 외교가 단절된 때라 조선 역관들이 큰 이익을 보았어. 중국에서 비단과 원사를 사 와서 일본에 팔아 은으로 받는 등 활발한 중개 무역으로 많은 돈을 벌기도 했어. 구입한 가격의 세 배는 족히 받았다고 해.

처음에는 외국에 나갈 경비를 충당하려고 시작한 무역이지만, 훗날 막대한 부를 축적하는 부자 역관을 만들어 내기도 했어.

조선 후기의 최고 부자도 변승업이라는 역관이었어.

한양에서는 변승업의 돈을 빌려 쓰지 않은 사람이 없었을 정도로 그가 한양 자금을 지배하고 있었는데, 변승업은 역관 변응성의 아홉 아들 중 막내로 요즘 말로 재벌 집 막내아들이었지.

변승업의 할아버지는 예빈시 참봉(고위층의 연회에 필요한 음식을 관리하는 직책)이라는 말단 공무원의 신분이었지만, 재산을 꽤 가진 부자였어. 박지원의 소설 《허생전》에서 주인공 허생에게 묻지도 따지지도 않고 큰돈을 빌려준 변 부자의 실제 인물이기도 해.

변승업은 아홉 형제 중에 여섯 명이 역관인 역관의 집안에서 태어나고 자라 자연스레 일본어 통역관이 되었어.

그는 대대로 내려온 부를 이어갈 만큼 총명하고 지혜로웠지. 아버지 변응성이 중국(당시 청나라)에서 고급 비단을 들여와 조선의 옷감을 파는 포목상들에게 비싼 값으로 팔고 사대부 집안에서 원하는 물건들을 구해 비싸게 넘기면서 재산을 불렸다면, 아들 변승업은 정치를 하는 대신들과 친하게 지내면서 권력의 흐름과 외국과의 관계에 대한 정보를 이용할 줄 알았어. 일본과 청나라가 직접 무역을 하지 못하는 시기라 변승업이 일본과 청을 이어 주는 중개 무역을 펼쳐 나라에 큰 이익을 가져다주기도 하고 본인 또한 많은 재산을 벌어들이지.

이렇게 뛰어난 수완으로 조선 최고의 부자가 된 변승업이지만, 돈이 아무리 많아도 양반의 신분 앞에서는 한계가 있다는 것을 깨닫는 일이 생겨.

자신의 아내가 먼저 세상을 떠나자 변승업은 성대한 장례식을 치러 주었는데, 왕족이나 쓰는 옻칠한 관을 썼다는 이유로 물의를 일으키게 된 거야. 이를 무마하려고 관리들에게 엄청난 액수의 뇌물을 주면서 깨달았대. 아무리 돈이 많아도 양반이 아니면 대우를 받지 못한다는 사실을 말이야. 그래서 변승업은 자신의 아들에게 양반의 신분을 사주게 돼.

이 책 앞에서도 이야기했다시피 양민도 나라에 돈을 많이 내면 양반의 신분을 살 수 있었다고 했잖아. 결국, 큰아들 변이창에게 첨지의 신분을 사 주고 양반의 집안이 되었지.

그뿐 아니라 변승업은 자신의 가문이 아무리 재산이 많아도 정치의 흐름에 따라 그 재산을 빼앗길 수도 유지할 수도 있다는 사실을 알게 돼. 그래서 죽기 전에 사람들에게 빌려준 50만 냥의 돈을 돌려받지 않겠다는 결정을 하고 채권 문서를 불에 태우라고 유언했대.

그의 유언은 오랫동안 변승업의 가문을 지켜 주었대. 다른 역관의 집안이 양반들의 등쌀에 나쁜 일에 얽히거나 누명을 써서 망해도 변승업의 집안은 그에게 돈을 빌려가고 갚지 않았던 사람들이 지켜 주어서 오랫동안 가문을 유지할 수 있었다고 해.

이렇게 역관은 통역뿐 아니라 나라의 외교, 경제, 국방 등 다방면에서 중요한 역할을 했던 직업이었어.

역관의 말 한마디에 나라가 위험에서 벗어나기도 하고 역관의 눈썰미로 새로운 문물이 들어오기도 하며, 역관의 귀에 담긴 일급 기밀이 나라의 운명을 좌지우지하기도 했지.

역관은 차별이 심했던 조선 사회에서 신분의 굴레에 매이지 않고 부를 축적하며 큰일을 할 수 있었던 유일한 직업이 아니었나 싶어.

짚신을 삼아
부자가 되다

짚신 장수

옛날 어느 마을에 짚신을 지어서 파는 짚신 장수 노인이 살았어.

솜씨 좋은 노인이 만든 짚신을 누구나 좋아했기 때문에 장에 내놓기가 무섭게 팔려 나갔어.

그에게는 아들이 하나 있었는데, 아버지를 따라 짚신을 만들었지.

"아버지, 이제 저도 아버지처럼 짚신을 팔아 보고 싶습니다."

손아귀 힘이 좋은 아들은 꾹꾹 힘을 실어서 튼튼하게 만든 자신의 짚신을 자랑스럽게 내보이면서 말했어.

"글쎄. 내가 보기엔 아직 멀었다, 이 녀석아."

아버지는 아들의 짚신을 살펴보고는 말했어.

"제가 만든 짚신이 더 튼튼해서 사람들이 좋아할 것이 분명한데, 왜 안 된다고만 하세요?"

입이 잔뜩 나온 아들이 퉁명스럽게 물었어.

"힘만 가지고 되는 일이 아니다."

아버지의 말을 도저히 이해할 수 없었던 아들은 아버지에게 도전장을 내밀었지.

"그럼 내일 장에 가져가서 누구 짚신이 더 잘 팔리나 내기할까요? 제 짚신이 더 많이 팔리면 어쩌실래요?"

아버지는 어림없다는 듯 웃으면서 말했어.

"그렇게 된다면 내가 네 아들이다. 이 녀석아! 내가 널 아버지라고 부르마."

아들은 아버지의 말에 오기가 생겨서 밤새 열심히 짚신을 삼았어. 아버지 짚신보다 더 좀좀하고 견고하게 짚을 엮어서 여러 켤레의 짚신을 만들어 놓았지.

드디어 날이 밝고 결전의 시간이 되었어. 어쩌면 아버지와 아들의 운명이 뒤바뀔 수도 있는 중요한 날이 온 거야.

장터에 나간 두 사람은 나란히 짚신을 늘어놓았어.

아들은 아버지의 짚신보다 더 좋아 보이게 하려고 방향을 이리저리 바꿔서 튼튼한 바닥이 잘 보이도록 늘어놓았어. 아버지는 아들의 모습을 보면서 부질없다는 듯 미소를 지을 뿐이었지.

"아이고 짚신이 무척 튼튼하게 생겼네, 그려."

지나가던 남자가 아들의 짚신에 관심을 보였어.

"그럼요. 바위산 돌산을 뛰어도 닳지 않는 튼튼한 짚신 사세요."

아들은 신이 나서 말했지. 그런데 아들의 짚신을 살펴보던 남자가 웬일인지 아들의 짚신을 내려놓고 아버지의 짚신을 사는 거야.

이상한 일은 그때부터 계속되었어. 손님들은 아들의 짚신이 튼튼하고 촘촘하다며 칭찬을 하고는 아버지의 짚신을 사 갔어.

아들은 아무리 봐도 이해가 안 됐어. 자신이 만든 짚신이 좋아 보인다며 칭찬을 하고는 왜 평범하기 짝이 없는 아버지의 짚신을 사 가는 것인지 말이야.

해가 저물고 장터의 장사꾼들이 하나둘 짐을 쌀 무렵 아버지의 짚신은 모두 팔려 남은 것이 없었지만, 아들의 짚신은 아침에 가져온 그대로 모두 남았어.

"왜 다들 아버지 짚신만 사 가는 걸까요? 이유가 뭐예요?"

아버지는 너털웃음을 웃을 뿐 이유를 알려 주지 않았어.

아들은 아버지의 짚신에는 숨겨진 비결이 있을 것이라고 생각하고 아버지의 짚신을 자세히 살펴봤어. 하지만 이리 보고 저리 보고 바로 보고 뒤집어 봐도 도무지 알 수가 없었지.

그러던 어느 날 아버지가 갑자기 병을 얻어 죽음을 앞에 두고 있었어. 아들은 아버지 앞에서 눈물을 흘리면서도 미련을 버리지 못하고 물었어.

"아버지 마지막으로 짚신 짓는 비법을 알려 주세요. 아버지의 짚신처럼 만들어 볼게요."

아버지는 가냘픈 숨을 내쉬며 겨우 말을 꺼냈어.

"터…… 터…… 털……."

아버지는 이해하기 어려운 말을 내뱉고 눈을 감았어. 죽는 순간까지 뭐가 그리 대단한 비법이라고 제대로 알려 주지 않는지, 아들은 아버지가 원망스러웠어.

장례를 마치고 아버지의 유품을 정리하던 아들은 아버지가 신던 짚신을 태우려고 보다가 무릎을 탁 쳤어.

"털! 그래 바로 이거로구나."

아들은 자신의 짚신을 벗어 아버지의 짚신과 비교해 봤어.

"털이로구나. 아버지는 지푸라기의 잔털을 모두 잘라서 매끈하고 촉감이 좋은 짚신을 만드셨던 거야. 이렇게 정성을 들였으니 잘 팔리지."

아들은 아버지의 짚신을 발에 신어 보고는 눈물을 흘렸어. 어디선가 짚신 한 켤레도 정성을 다해 잔털까지 제거해 만들었던 아버지의 목소리가 들리는 듯했어.

"글쎄. 내가 보기엔 아직 멀었다, 이 녀석아."

✳ ✳ ✳

    옛날 사람들은 벼농사를 지어서 언제 어디서나 쉽게 얻을 수 있는 지푸라기로 만든 짚신을 신었어. 짚신은 지금의 신발들처럼 내구성이 좋지 못해서 금세 닳았고 자주 바꿔 줘야 하는 물건이었지. 그래서 짚신을 만드는 사람이 많았어. 지푸라기를 엮어 짚신을 만드는 일을 짚신을 '삼는다'고 했는데, 농사꾼들은 고된 일을 마치고 돌아와 짚신을 삼았고 비가 와서 농사를 못하는 날이나 추위로 농사를 지을 수 없는 농한기에도 짚신을 삼았어. 실제로 송세홍이라는 사람이 짚신을 지어서 팔아 부자가 되었다는 이야기도 전해지고 있어. 누구나 만들 수 있고 누구는 부자로 만들어 주었던 가장 대중적인 신발 짚신은 질긴 고무신이 나오면서 사라졌고 짚신 장수도 이젠 이야기 속에서나 만날 수 있게 되었지.

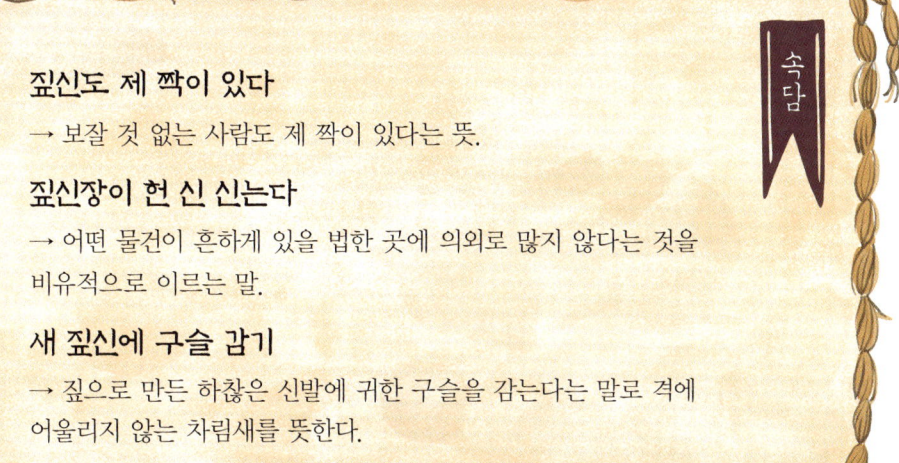

짚신도 제 짝이 있다
→ 보잘 것 없는 사람도 제 짝이 있다는 뜻.

짚신장이 헌 신 신는다
→ 어떤 물건이 흔하게 있을 법한 곳에 의외로 많지 않다는 것을 비유적으로 이르는 말.

새 짚신에 구슬 감기
→ 짚으로 만든 하찮은 신발에 귀한 구슬을 감는다는 말로 격에 어울리지 않는 차림새를 뜻한다.

김득신 〈수하일가도〉

아내는 베를 짜고 남편은 짚신을 삼는 그림.

출처 국립 중앙 박물관(e뮤지엄)
소장품 번호 건희 3562

짚신

출처 짚풀 생활사 박물관(e뮤지엄)
소장품 번호 의생활 21

고기는 은값
채소는 금값

채소전

    1932년 4월 신문마다 한 여성의 죽음이 실렸어. 이 여성은 서대문 밖 교남동에서 채소를 팔던 27세의 최영숙인데, 한낱 채소 장수의 죽음이 왜 신문에까지 실렸을까?

    최영숙은 조선 최초의 여성 경제학자였어. 최영숙은 일제 강점기에 어렵게 스웨덴으로 유학가서 최초로 경제학 학위를 딴 조선 여성이기도 했지.

    그녀는 스웨덴에서 공부하면서 일제 강점기의 현실과 대항하는 조선 청년들의 활동을 알리며 어렵게 공부했어. 하지만 공부를 마치고 돌아온 식민지 조선은 아직도 남녀 차별이 심각한 사회였고, 여성 경제학자가 설 자리는 없었어.

    최영숙은 '조선 여성 소비자 조합'을 인수해서 배추, 미나리, 콩나물 등을 파는 채소전을 열었어. 장사로 돈을 벌면서 조선에 필요한 경제 운동과 노동 운동을 하려고 했던 거야. 특히 여성이 차별 없이 살 수 있는 사회를 꿈꿨어. 그러나 최영숙은 귀국한 지 5개월 만에 영양실조 때문에 쇠약해진 몸으로 아이를 낳고 세상을 떠나게 돼.

    최영숙은 스웨덴에서 공부하면서 일제 강점기의 현실을 알리며 독립운동을 한 어엿한 독립운동가지만 우리에게는 낯선 이름이야. 당시의 여성의 지위는 낮았고, 사회 활동도 활발하지 못했기 때문에 널리 알려지지 않았을 거야. 신문에도 최영숙의 죽음을 알리면서 여성 경제학자라는 업적보다 그녀가 외국인과의 사이에 아이를 낳았다는 사생활만을 드러내던 시대였으니 말이야.

이렇게 여성의 사회 활동이 어려웠던 조선에도 도성 안팎에 최영숙이 운영했던 것과 같은 채소전을 비롯한 과일을 파는 우전, 화장품을 파는 분전, 바늘을 팔던 침자전 등 여성에게 특화된 상점이 있었고, 이런 여성들의 가게를 여인전女人廛이라고 불렀어.

그중 채소전은 우리 민족의 식생활을 책임졌던 생명줄인 채소를 거래하는 곳으로 조선 시대 시장 발달에 큰 역할을 했어.

우리는 기본적으로 채식의 나라로 봄과 여름에는 산과 들에서 나오는 채소와 나물을 즐겨 먹고 가을에는 배추로 김장을 해서 겨울나기를 준비했어.

하지만 조선 시대 농부들은 채소를 재배하지 않았어. 조선에서는 벼농사가 가장 중요한 농사여서 땅이 있으면 벼나 잡곡 같은 곡식을 심었고 농사법이 발달하지 않아서 벼농사와 채소 농사를 병행하기란 쉽지 않았거든.

그리고 조선 왕조는 도성 안의 인구가 늘어나자 도성 안에서의 농사를 금지시켰어. 물론 모든 작물 재배를 금지한 것은 아니고 벼농사만 금지시켰지만, 성안의 작은 텃밭이나 뜰에서 재배한 적은 양의 채소는 인구가 많은 도성 안 사람들에게는 턱없이 부족해서 도성과 가까운 근교에서의 채소 재배가 활발해졌어.

배추, 무, 오이, 호박, 파, 마늘 등이 재배되었고 채소와 함께 과일도 재배되어 상품화되었지. 채소를 재배하고 파는 일은 주로 여성의 일이었어.

직접 길러 먹던 채소가 한양의 난전을 바탕으로 사 먹는 상품이 되었고 꽤 비싸게 팔리던 채소는 큰돈이 되었어. 한양의 채소전이 발달하자 반찬으로 삼는 부식의 종류와 양념이 다양해지고 식생활이 풍요로워지기도 했지.

채소전뿐 아니라 채소를 지게에 지고 다니면서 소리를 질러 손님을 모으던 '매채한'이 있었고 바구니에 채소를 담아 파는 여성 채소 장수도 흔하게 볼 수 있었어.

당시는 수입이 아닌 자급자족으로 우리 땅에서 길러낸 것을 먹고살았던 시대라 곡식 심을 땅도 모자란 판에 채소를 키울 땅이 넉넉하지 않아 채솟값이 비쌀 수밖에 없었대.

정약용은 나라의 제도와 법규 개혁을 담은 자신의 저서 《경세유표經世遺表》에서 "서울 근교와 각 지방의 대도시 주변의 파, 마늘, 배추, 오이 밭에서 수백 냥의 수입을 올리며, 지방의 생강, 고구마, 인삼 밭 등의 수입이 논농사 최고 풍작 때와의 이익에 열 배를 올린다"라고 기록하고 있는데, 채소전의 이익이 상당히 컸다는 것을 알 수 있지.

여성들이 운영하고 주된 고객이 여성이었던 채소전은 남자들은 출입을 하지 않는 금남 구역이나 마찬가지였지. 그래서 채소전에 얽힌 단종의 비 정순 왕후 송 씨의 이야기가 있어.

✳✳✳

어린 나이에 왕위에 올랐지만 야심가 수양 대군에게 쫓겨난 단종의 비 송 씨는 열다섯 살에 왕후에 올랐다가 열여덟 살에 군부인으로 강등되어 궁에서 쫓겨나 혼자 살아야 했어. 생계가 막막했던 송 씨는 염색 일을 하거나 시녀들이 구걸해 온 음식으로 겨우 살았대. 이를 딱하게 여긴 백성들이 송 씨에게 몰래 음식과 채소를 가져다주었는데, 얼마 가지 않아 이것도 나라에 발각되어 금지되었다고 해.

그러자 백성들이 꾀를 내서 송 씨가 사는 집 근처에 남자들이 출입하지 않는 작은 채소 시장을 냈어. 채소 시장에서 물건을 파는 척하면서 먹을 것을 모아 송 씨에게 가져다준 것이지. 이 채소 시장이 훗날 청계천 영도교 근처의 채소전이 되었다고 해.

조선 시대 사람들은 채소전에서 사고파는 채소를 아주 좋아했는데, 그들이 채식을 주로 했던 이유는 고기를 먹기 위해 함부로 생명을 해치는 일을 꺼려 했기 때문이며, 채식이 건강에 좋다는 사실도 이미 알고 있었기 때문이 아니었을까?

채소를 즐겨 먹으면 몸에서 향기가 난다고 하여 채식을 하는 선비들도 많았다고 해.

그 덕에 우리 음식 문화도 채식 위주로 자리 잡게 되었고 다양한 음식이 발달하게 되었지.

비록 여성이 경영하는 채소전의 모습은 사라졌지만, 앞으로도 농사를 짓고 판매하는 직업은 계속 유지되지 않을까 싶어.

'투자의 귀재'라고 불리기도 하는 세계적인 투자자 짐 로저스는 '농업이 미래다'라고 하면서 4차 산업 혁명 시대의 좋은 직업으로 농부를 추천했어. 가까운 미래에는 농부가 주목받는 직업이 될 것이라고 내다보는데, 앞으로 농산물의 가격이 가파르게 상승하고 농업에 종사하는 사람이 큰돈을 벌 것이라고 했어.

세월에 따라 많은 직업이 생겨나기도 또 사라지기도 하지만 농부라는 직업은 과학 기술의 발달과 발맞춰 더 발전하는 직업이 될 것 같기도 해.

제 5 장

열흘 붉은 꽃 없다

인기를 얻었지만, 변질하여 사라진 직업

전국 투어 콘서트의 시초

사당패

옛날 경기도 안성의 어느 마을에 한 농부가 살고 있었어. 농부는 가진 땅이 없어 아내와 함께 남의 땅에 농사를 지어 겨우 입에 풀칠할 정도로 가난했지. 농부와 아내는 몸이 부서지라고 일했지만, 가난에서 벗어날 희망이 없었고 몸은 점차 쇠약해져 갔어.

먹는 것도 변변치 않은데 힘든 일을 하니, 여러 가지 병이 겹쳐 가난이 몰고 온 병마로 그만 아내가 먼저 죽어 버렸어.

농부는 슬픈 눈물도 마음껏 흘릴 수가 없었지. 왜냐하면, 농부의 곁에는 엄마를 잃고 울고 있는 다섯 살짜리 딸아이가 있었거든. 병들고 가난한 아비는 홀로 어린 딸을 키울 생각에 앞이 캄캄해졌지. 마침 부녀를 유심히 지켜보던 남자가 있었어.

"아이를 우리에게 주면 어떻겠소?"

난생처음 보는 남자가 어린 딸을 달라니 이게 무슨 천벌 받을 소리일까 싶었지만, 농부는 남자의 행색을 살펴보고는 생각에 잠겼어.

"우리가 아이를 데려가면 적어도 굶기지는 않으리다. 먹고살 재주도 가르쳐 주고 아이를 데려가는 대신 곡식도 좀 줄 테니까 생각 잘 해 보시오."

농부는 딸을 바라보았어. 병든 몸으로 혼자 이 어린아이를 잘 먹이고 입혀 키울 자신이 없다는 생각에 한숨이 절로 나왔지. 옛날에는 먹고살기가 어려워서 남의 집에 자기 아이를 보내기도 했다고 해. 지금으로서는 상상할 수도 없는 끔찍한 일이지.

"꼭 약속해 주시오. 굶기지 말고 때리지 말고 나보다 더 귀히 여겨 주시오."

남자는 약속 대신 고개를 숙이고 인사했어.

농부는 흐르는 눈물을 참으며 딸의 작은 손을 남자에게 넘겨 주었지. 그렇게 아비와 떨어져 처음 보는 남자의 손에 끌려 집을 떠난 다섯 살짜리 아이의 이름은 김암덕이었어.

암덕이의 손을 잡고 굶기지 않겠다고 약속한 남자는 바로 사당패의 우두머리인 꼭두쇠였지.

꼭두쇠를 따라 사당패의 일원이 된 암덕이는 패거리와 함께 전국을 떠돌아다니며 자랐어.

유랑하는 예술인들이 모인 사당패 안에서 암덕이는 여러 가지를 배웠는데 어떤 재주든 금방금방 배워 훌륭하게 연기했고 자랄수록 그 미모 또한 출중해서 사람들은 암덕이에게 열광하기 시작했지. 암덕이의 이름은 사람들 입에서 입으로 널리 퍼져 나갔고 암덕이는 이른바 인기 스타가 되었어. 사람들은 암덕이의 이름을 바위 암(岩)자 덕이, 바위의 사투리인 바우를 써서 '바우덕이'라고 불렀어.

바우덕이는 남자들의 세계였던 남사당패에서 뛰어난 재주와 인기로 열다섯에 최초의 여자 꼭두쇠가 되었지. 바우덕이의 사당패는 나타났다 하면 돈을 싹 쓸어 갈 정도로 인기가 많았다고 해. 그 소문이 궁궐까지 퍼져서 경복궁을 중건할 때 지친 인부들을 위한 공연을 하고 흥선 대원군에게 상을 받았다는 이야기도 있는데, 사실이 아닌 왜곡된 것이라는 견해가 있기도 하지.

심지어 바우덕이가 실존 인물인가 하는 의심도 있지만, 안성시에서는 아직도 '바우덕이 축제'를 하며 남사당패의 놀이가 하나의 지역 문화로 자리 잡고 있어.

바우덕이의 이야기까지 사실이다 아니다 말이 많은 이유는 신분이 천한 사당패를 역사 기록에 남기길 꺼려 했던 양반들 때문이 아닐까 싶어. 기록을 하려면 글을 알아야 했고 글을 배운 사람들은 대부분 신분이 높은 양반들이었을 테니까, 천한 사람들의 기록을 중요하게 여기지 않았을 거야. 앞에서 말한 조선의 여덟 부류 천한 사람들을 말하는 '조선 팔천(백정, 노비, 사당패, 무당, 기생, 승려, 수공업자, 상여꾼)'의 한 가지였던 사당패는 신분은 천할망정 척박한 삶을 살던 조선 사람들에게 즐거움과 웃음이 되고 감동을 주었던 예술인이었다는 것에는 틀림이 없었어.

덕물산 남사당패 놀이

출처 국립 민속 박물관(e뮤지엄)
소장품 번호 석남 856

✱ ✱ ✱

원래 사당패는 사찰에서 불교 행사가 열리면 공연을 하는 광대나 노비에서 유래했다고 보는데, 조선 시대 억불 숭유 정책으로 승려의 신분이 낮아지면서 승려들이 사당패가 되기도 했대. 사찰에 소속되었던 사당패는 사찰 운영에 필요한 비용을 마련하려고 절 밖으로 나와 무리지어 돌아다니며 공연을 하다가 날이 추워지면 소속된 절로 돌아갔다고 해.

또 임진왜란 이후 살 터전을 잃은 백성이 무리를 지어서 사찰로 흘러들어와 사당패가 되기도 했는데, 처음엔 여자들만 있던 사당에 모갑과 거사라고 하는 남자들이 끼어들면서 여자 사당을 착취하고 문제가 생기자 나중에는 인식이 좋지 않았어.

그리고 1900년 전후 남자들만으로 이루어진 남사당패가 등장하는데, 우두머리인 꼭두쇠를 비롯해서 공연을 기획하는 곰뱅이쇠, 놀이를 관장하는 뜬쇠, 연희를 보여 주는 가열, 새내기 삐리, 나이 든 저승패, 등짐꾼 등 약 40~50명이 한패를 이루는 큰 집단이었어.

남사당패의 부족한 인원은 가난한 농가의 아이들이나 고아로 충당했는데, 바우덕이도 이런 과정에서 남사당패가 되었지.

남사당패는 마을 입구에서부터 농악 놀이인 풍물을 울리며 시끌벅적하게 등장해서 탈춤, 줄타기, 땅재주, 인형극, 접시 돌리기 등 신기한 재주로 사람들의 혼을 쏙 빼놓았어.

특히 남사당패의 놀이 중에는 탈을 쓰고 하는 일종의 가면극인 '덧뵈기'가 있었는데, 당시 사회의 지배 계층이던 양반들의 어리석음과 부도덕함을 고발하는 풍자적인 내용을 공연해서 평민들의 억울함과 가려운 마음을 시원하게 긁어 주기도 했어. 이런 이유로 남사당패는 평민들에게는 환영과 지지를 받았지만, 양반들에게는 멸시를 받아 어느 마을이고 양반들의 허락 없이는 함부로 출입을 할 수 없었다고 해.

이렇게 공연을 위해 떠돌던 남사당패야말로 지금의 전국 투어 콘서트의 시초가 아닐까 싶어. 이제 거대한 집단의 남사당패는 사라졌지만 '남사당놀이'는 1964년 국가 무형 문화재로 지정되어 보존되고 있어. 또 2009년에는 인류가 지켜야 할 '유네스코 인류 무형 유산'으로 등재되고 지역 문화 축제로 이어지면서 뜻 있는 예술인들이 모여 공연을 이어가고 있어.

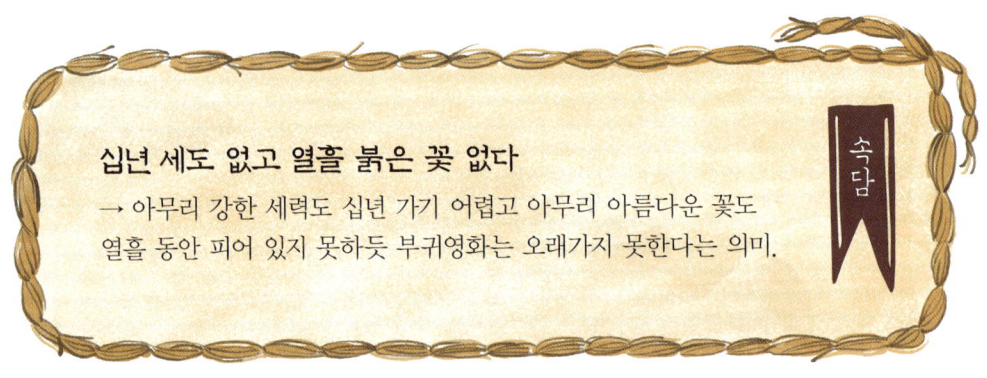

십년 세도 없고 열흘 붉은 꽃 없다
→ 아무리 강한 세력도 십년 가기 어렵고 아무리 아름다운 꽃도 열흘 동안 피어 있지 못하듯 부귀영화는 오래가지 못한다는 의미.

속담

재미있는 우리말

얼른 마술을 보여 줘!

무엇인가를 재촉할 때 '얼른'이라는 말을 쓰곤 하지. 시간을 끌지 말고 바로 하라는 뜻으로 사용하는데, 이 얼른은 사당패의 공연에서 나온 말이래. 남사당패에는 얼른쇠라는 마술사가 있었는데, 얼른쇠가 빠른 손놀림이나 도구 등을 이용해서 선보이던 마술 공연을 얼른이라고 했대. 마술을 빨리 보고 싶었던 사람들의 조급한 마음에서 얼른의 의미가 바뀐 것은 아닐까?

우리가 바로 배달의 민족이다!

물장수

현재 우리나라는 무엇이든지 배달이 가능한 나라라고 할 수 있지. '배달의 민족'이라는 우스갯소리 광고 카피와 배달 어플이 나왔듯 말이야. 예로부터 우리를 '배달 민족'이라고 했는데, 물론 여기서 '배달'은 우리가 아는 물건이나 음식을 배달한다는 뜻이 아니고 고조선의 단군에게서 나온 말로 우리 민족을 지칭하는 용어라고 해.

하긴 우리가 또 배달과 떼려야 뗄 수 없는 민족이긴 해. 조선 시대에도 '효종갱'이라 하여 남한산성에서 북촌의 양반집으로 배달해 주는 해장국이 있었다고 하고 지금 생수를 배달시키듯 오래전부터 물을 배달시켜 마시던 민족이거든.

상수도 시설이 없던 조선 시대에는 물장수가 물통에 식수를 받아 메고 각 가정에 아침저녁으로 물을 배달했어. 물장수들은 일정하고도 빠른 보폭으로 물통에 가득 찬 물을 한 방울도 흘리지 않아 외국인들에게도 진귀한 풍경을 제공하기도 했대. 조선인들은 주로 도성 안의 우물물을 먹었는데, 인구 증가로 우물이 오염되고 전염병이 돌자 깨끗한 물을 찾는 사람들이 많아져 물장수의 전성기가 시작되었어.

1908년 수도가 보급되기 전까지 약 2천여 명의 물장수가 활동했다는데, 당시 서울 상업 인구의 15퍼센트에 달하는 많은 수라고 해.

그 중심에는 '북청 물장수'가 있었어. 물장수들이 유독 함경북도 북청 사람이 많기도 했고, 유난히 교육열이 높았던 북청 사람들이 자식 공부를 시키려고 서울에 와서 가장 쉽게 할 수 있는 일이 물장수였대.

한양의 밀집 지대에서 물장수를 하려면 권리금도 지불해야 했는데, 권리금도 권리금이지만 북청 물장수들의 텃세가 세서 다른 지역 사람들은 물장수를 하기도 쉽지 않았다고 해.

1908년 영국인이 설립한 '대한 수도회사'가 뚝섬에 정수장을 건설하고 수돗물을 공급하기 시작했어. 하지만 그 수돗물조차 아무나 마실 수 없는 특권이 있는 물이었지.

주로 일본인의 가정이나 그들 거주 구역의 공용 수도에만 수도가 설치되어 우리 백성들은 계속 물장수의 물을 사 먹었어.

그러자 우물물이나 샘물을 떠다 팔던 물장수의 물은 더럽고 질병에 노출되어 있으며 수돗물이 만병통치약인 약수라고 헛소문이 돌았대. 점차 설 자리를 잃게 된 물장수들은 아예 대한 수도회사 소속으로 들어가 수돗물을 배달했어. 수도가 많이 설치되었다고는 하지만 각 가정에 모두 설치된 것이 아니기 때문에 공용 수도가 멀어 이용할 수 없는 사람들을 위해 물장수가 수돗물을 배달해 주었지.

나무로 된 통에 물을 배달하던 물장수들은 등유가 수입되자 등유 깡통으로 만든 물통을 메고 다녔는데, 깡통을 메고 다닌다고 '깡꾼'이라 불리기도 했대.

물장사는 1970년대까지 오랜 시간 계속 이어졌는데, 각 가정마다 수도가 공급되자 자취를 감추게 되었어. 그렇게 과거 사람들은 수돗물을 마셨지만, 현대에 와서는 다시 물을 사 먹고 있지.

정수기를 달기도 하지만 생수를 배달시켜 마시는 집이 많으니 생수 배달원들을 물장수의 후예라고 볼 수 있을까?

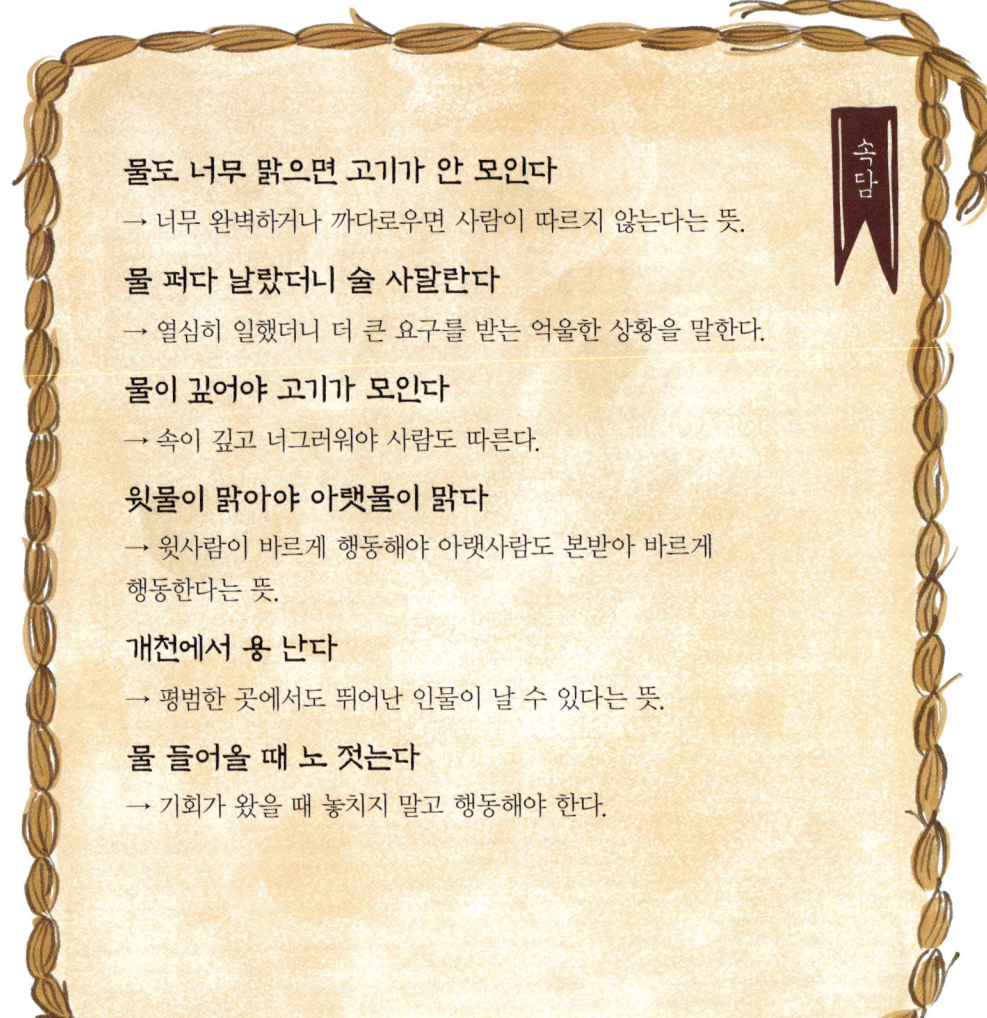

물도 너무 맑으면 고기가 안 모인다
→ 너무 완벽하거나 까다로우면 사람이 따르지 않는다는 뜻.

물 퍼다 날랐더니 술 사달란다
→ 열심히 일했더니 더 큰 요구를 받는 억울한 상황을 말한다.

물이 깊어야 고기가 모인다
→ 속이 깊고 너그러워야 사람도 따른다.

윗물이 맑아야 아랫물이 맑다
→ 윗사람이 바르게 행동해야 아랫사람도 본받아 바르게 행동한다는 뜻.

개천에서 용 난다
→ 평범한 곳에서도 뛰어난 인물이 날 수 있다는 뜻.

물 들어올 때 노 젓는다
→ 기회가 왔을 때 놓치지 말고 행동해야 한다.

물장수

(418) A WATER-DRAWER. 水汲夫 (朝鮮風俗)

출처 영천 역사 박물관(e뮤지엄)
소장품 번호 영천 2971

신여성의 패션을 보여 줄게

버스차장

"광화문 내리실 분 계세요? 안 계시면 오라이!"

17세 순이의 우렁차고 앙칼진 목소리가 새벽을 깨웠어. 순이는 70년대 대중교통을 이끌던 버스 차장이었어.

순이의 하루는 새벽 4시에 시작돼. 한바탕 새벽일을 나서는 사람들을 태워다 주고 돌아오면 다음번엔 이른바 지옥 버스가 기다리지.

버스가 출근과 등교하는 사람들을 터져나갈 듯 빽빽하게 태워야 하는 시간이거든.

순이는 버스에 오르기 전에 물을 한 컵 시원하게 들이켜고는 팔 운동을 했어. 이번에는 힘을 좀 써야 하는 시간이거든.

"아! 그만 좀 밉시다."

"못 타요 못 타! 다음 버스 타라고!"

"안내양! 그만 태우고 갑시다!"

버스 안 승객들의 불만이 계속되지만, 순이는 아랑곳하지 않고 버스 안으로 승객을 밀어 넣었어. 꾸역꾸역 겨우 승객들이 다 올라타자 순이는 버스 중간 문 손잡이를 잡고 곡예를 하듯 익숙하게 매달려 탔어. 그리고 버스 문을 손바닥으로 두드리며 외쳤지.

"오라이!"

순이의 외침이 들리자 버스 기사는 핸들을 급하게 꺾었어.

"아이쿠! 운전을 어떻게 하는 거야?"

승객들의 불만에도 버스 차장은 난폭하게 핸들을 돌렸어. 그러자 승객들이 안으로 밀려들어 갔어. 문 쪽 승객을 안쪽으로 미는 버스 기사만의 요령이었지. 그렇게 지옥 같은 운행을 마치고 다시 회사로 돌아온 순이는 뜻밖의 슬픈 소식을 듣게 돼.

"92번 버스로 간 영옥이가 버스에서 떨어져서 입원했대."

순이보다 한 살 많은 동료 차장 명숙 언니가 울먹이면서 말했어.

"많이 다쳤대?"

순이도 걱정스러워서 물었어.

"다리가 부러진 모양이야. 나을 때까지 한참을 일도 못 할 텐데 큰일이야. 영옥이도 가장인데 병원비며, 가족은 어떻게 살지 걱정이다. 남의 일이 아니네. 우리도 조심하자."

명숙 언니가 한숨을 푹 쉬면서 말했어.

순이는 온몸에 소름이 돋았어. 조금 전까지 순이도 만원 버스에 사람들을 밀어 넣고 매달려 있느라 몇 번 버스에서 떨어질 뻔했거든. 배차 시간이 길어서 버스에 늘 승객이 많아 문이 안 닫히면 열린 버스 문에 매달려 가는 것이 일상이었지.

"병원비도 회사에서 안 내주겠지?"

"병원비는 무슨, 다쳤다고 자르지 않으면 다행이지."

순이는 마음이 무거워졌어. 혹시라도 자신이 다치게 되어 시골에 계신 엄마한테 돈을 못 보내면 동생들은 학교도 다니지 못할 텐데 하는 생각이 드니까 눈앞이 깜깜해졌어.

"그래! 언니, 우리는 절대로 몸조심 하자! 안전이 제일이야."

순이가 영옥 언니의 손을 잡고 스스로에게 맹세하듯 말했어.

이때 잔뜩 찌푸린 얼굴의 기사 한 명이 멀찌감치 서서 소리를 질렀어.

"미스 김! 뭐하나? 버스 청소는 하고 노닥거리는 거야? 빨리 와. 운행 나가야지."

순이는 걱정을 뒤로하고 숨 돌릴 틈도 없이 버스를 향해 달려갔어.

✵ ✵ ✵

1960년대부터 80년대까지는 순이처럼 시골에서 서울로 올라와 버스 차장으로 일하는 소녀들이 많았어. 버스 차장은 버스 승객들에게 요금을 받고 잔돈을 거슬러 주는 일을 하면서 승객을 태우려고 버스를 정지시키거나 내려 주고 출발시키는 일을 맡아서 했어.

당시는 지금처럼 버스 노선이 많지도 않았고 배차 시간이 길어 버스에 늘 승객이 많았어. 출퇴근 시간의 만원 버스는 차장이 푸시맨 역할까지 했지.

자리가 비어도 앉지 못하고 버스에 매달려 서서 힘들고 위험한 일을 하던 순이, 영옥이, 명숙이의 나이는 10대 소녀들이 대부분이었어.

가난한 살림에 보탬이 되려고 초등학교, 중학교만 졸업하고 도시로 와서 버스 차장이 되었지. 도시에 가서 버스 차장이 되면 달라진 세상이 있을 것이라 믿었던 소녀들은 하루 열여덟 시간을 일하고 네 시간을 자는 중노동을 하면서 돈을 벌어 대부분 가족의 생활비나 동생들의 학비를 충당했어.

게다가 버스에서 요금을 직접 받았기에 돈을 숨긴다는 이유로 몸수색을 당하는 등 어린 소녀들이 감당하기에는 거칠고 사나운 직업이었고 노동 환경과 월급도 가혹할 정도였어.

그래도 가족의 생계를 조그만 어깨에 짊어진 소녀들은 씩씩하게 외칠 수밖에 없었어.

"내리실 분 안 계시면 오라이!"

버스 차장에 대한 대우가 처음부터 이렇게 좋지 않았던 것은 아니야. 일제 강점기 때인 1928년 우리 땅에 처음 22인승 버스가 등장해. 경성부에서 운영한 부영 버스로 이 마차형 버스를 운행하기 위해 '버스 걸'이라 불리던 여자 차장을 선발했어.

버스 걸은 신식 교육을 받았고, 양장 유니폼을 입었대. 그 모습이 선망의 대상이 되어서 당시 신붓감 후보로도 인기가 높았다고 해. 여성의 일자리가 귀한 시대에 높은 임금을 받기도 했고 지금으로 치면 스튜어디스라고 할 수 있겠다.

최초 버스 걸은 열두 명으로 치열한 경쟁을 뚫고 선발되었어. 버스 자체가 신기한 물건이었고 전차보다 비쌌으며 '고, 스톱, 오라이'를 반복하는 버스 걸도 좋은 구경거리였대. 버스 걸을 구경하려고 버스를 이용하는 사람들이 있을 정도였다니 말이야. 코발트색 빛 정복 스커트와 허리를 졸라맨 벨트, 목에는 붉은 넥타이, 흰 양말을 신은 버스 걸의 패션이 여성들에게 유행이 되면서 세련된 '모던 걸'의 패션을 상징하기도 했대.

신여성의 패션을 보여 주던 버스 걸, 여차장은 광복과 함께 사라졌다가 1960년대에 다시 부활하게 돼. 이유는 남자 차장이 불친절하다는 이유 때문이었대. 여자 차장이 아무래도 친절하고 상냥할 것이라는 차별적인 생각으로 어린 소녀들을 가혹한 생활 터전에 뛰어들게 했지. 버스 걸이라고 불리던 차장들과 대우는 완전 딴판으로 저임금에 대우도 열악했어. 버스 안내양이라고도 불렀던 버스 차장은 1982년 시민 자율 버스가 등장하고 1988년 버스 개혁이 추진되면서 사라지게 돼.

버스에 안내 방송이 나오고 하차 벨과 자동문이 생기는 기술 발전의 결과로 버스 차장의 역할이 필요 없게 되자 사라진 직업이 되었지.

최근에는 노인 인구가 많은 지방에서 노인들의 버스 승하차를 돕는 버스 차장이 다시 생겨난 곳도 있대.

"안 계시면 오라이!"

버스 차장들이 버스를 출발시키려고 외치던 소리로 지금도 어른들이 주차할 때 차가 움직일 공간이 있다는 것을 알려 주려고 무심결에 쓰기도 하는 말인 '오라이!'는 무슨 뜻일까? 얼핏 들으면 영어 같기도 하고 일본어 같기도 한 이 말은 영어에서 파생된 말이야. 'All Right!'라는 영어가 일제 강점기 일본인들의 잘못된 발음으로 '오라이'라고 변형되었다고 해. 차가 움직여도 좋다, 출발해도 괜찮다는 뜻으로 'All Right'라고 한 것이 '오라이'로 쓰이게 된 것이라고 해.

버스 차장

출처 위키피디아
https://ko.wikipedia.org/w/index.php?curid=853495
By 빈민촌이장 | 필름 사진 스캐닝 CC BY-SA 3.0

궁으로 들어간 모던 걸

전화 교환수

열아홉 살 정순이는 전화 교환수였어.

정순이가 사는 시대에는 여성들이 사회에 나와 일할 만한 직업도 변변치 않았고 남존여비(男尊女卑: 남성은 우월하고 여성은 천시하는 생각이나 태도) 사상으로 여자가 일한다고 밖으로 나돌다가 잘못하면 되바라져서 시집도 못 간다는 꽉 막힌 생각을 가진 사람이 많을 때였기에 정순이도 일을 하기까지 쉽지 않았지.

"너도 바람이 잔뜩 들어서 모던 걸이 되고 싶은 모양인데 절대 안 된다. 얌전히 있다가 시집이나 가거라."

처음엔 정순이의 아버지도 그 당시 다른 아버지들처럼 요리 솜씨도 뛰어나고 얼굴도 고운 딸이 집에만 있다가 좋은 남편을 만나 시집이나 갔으면 하고 바랐지.

"모던 걸이나 신여성이 되고 싶은 게 아녜요. 전 그냥 중요한 사람이 되고 싶어요."

당시 일하는 여성들을 신여성이나 모던 걸이라고 불렀는데, 실제 뜻은 나쁘지 않지만 여성의 지위가 높지 않았던 때라 '걸(girl)'이라는 말을 붙여서 낮잡아 보았기에 모던 걸에 대한 인식이 좋지만은 않았어.

정순이는 모던 걸이 아니라 자신의 일을 가진 사람이 되고 싶었어. 남들이 잘 모르는 새로운 일에도 호기심이 가득한 여성이었지.

이런 정순이가 전화 그것도 왕이 사는 궁궐에서 일하는 전화 교환수라니, 원하는 대로 남들과 다른 대단한 일을 할 수 있을 것만 같았지.

정순이는 창덕궁에서 왕과 왕족의 전화를 연결해 주는 일을 했어.

당시의 전화는 소리도 분명치 않고 연결도 잘 되지 않아 일이 힘들었지만, 그녀가 원하던 일이기에 보람을 가지고 열심히 일했어.

훗날 정순이는 고종의 아들인 영친왕의 마음을 얻어 황실의 여인이 되어 다섯 남매의 어머니가 되었대.

✱ ✱ ✱

1882년 3월 청나라에서 두 대의 전화기를 들여 온 것을 시초로 1896년 궁 안의 소식 전달용으로 설치된 전화는 1902년부터 일반 사람이 사용하게 되었어. 하지만 당시 전화 가입자는 극소수였고 대부분 일본인이었지.

이런 낯선 문물에 사람들의 관심이 몰린 것은 1920년대 즈음 전화기 보급이 늘어난 뒤부터였어. 당시에 전화는 교환수가 중간에서 거는 사람과 받는 사람을 연결해 주는 형식이었는데, 초기의 전화 교환수는 남자였대. 하지만 딱딱하고 거친 말투의 남자 교환수 목소리에 전화를 걸던 사람들이 끊어 버리거나 싸움이 나는 일이 자주 생기자, 경성 우편국에서는 여성 교환수를 채용하려고 공고를 냈지.

1920년 4월 12일자 〈동아일보〉에 실린 경성 우편국의 전화 교환수 모집 요강을 보면 학력은 보통 학교 졸업 정도로 일어를 할 수 있어야 하며 나이는 15~16세에서 23~24세가 가장 적당하다고 되어 있어. 근무 성적이 우수한 전화 교환수는 4개월마다 승급 기회를 주고 야근을 할 때에도 회사에서 관리를 해 준다고 실었어.

전화 교환수는 야근하는 일이 많은데, 출퇴근 시간을 비롯하여 퇴근 후 집에 가는 것까지 철저히 관리해서 당시 여성의 사회활동이 많지 않았던 시절 안전한 직업이라는 이미지를 심어 줬다고 해.

전화 교환수는 월급이 많은 것은 아니었지만, 일자리가 많지 않은 시절 여성이 사회 진출을 할 수 있고 안전한 직업이라는 인식까지 있어서 각광을 받았어. 1930년대에 여성 전화 교환수는 수천 명에 이르렀다고 해.

당시 전화 가입자들의 대부분이 일본인이었는데, 전화 연결이 많아서 응대가 늦거나 실수로 다른 곳에 연결이 되는 경우 일본인들에게 욕을 수도 없이 들었대. 또 교환수 감독에게 혼이 나도 항상 밝은 목소리를 내야 해서 직업에 대한 스트레스가 많았다고 해.

대부분 어린 여성들이었기에 거친 말로 상처를 받고 눈물도 많이 흘렸지만, 목소리는 늘 친절해야 했으니 어려움이 컸겠지.

새로운 문물, 기술의 발전으로 생겨난 이 전화 교환수라는 직업은 또 다른 기술의 발전으로 사라지게 돼. 1935년 자동식 전화 교환기가 등장하고 중간에 연결해 주는 역할이 필요가 없게 되면서 전화 교환수라는 직업도 사라지고 말았어.

날이면 날마다 오는 게 아니야! 애들은 가!

약장수

얼마 전 칠순이 넘은 엄마께서 어두운 표정으로 찾아오셨어.

"나이를 먹으니 내가 별짓을 다한다."

나는 걱정이 되어 물었지.

"무슨 일인데 그러세요?"

엄마는 대답 대신 가방에서 작은 고추장 단지를 꺼내셨어. 그리고 그 뒤를 이어 밥을 푸는 주걱, 수세미, 때수건 등등 자질구레한 물건들이 따라 나왔지.

"고추장 홍보하는 곳이라고 가서 맛만 보라고 하더라고."

말을 끝낸 엄마는 종이 한 장을 내놓으셨어. 종이를 펴 보니 처음 들어 보는 상표의 홍삼액을 계약한 종이였어. 그런데 헉 소리가 나올 만큼 비싼 금액이 적혀 있었지.

"약장수한테 사기를 당하신 거예요?"

엄마는 종이 가방을 열어 상자에 든 홍삼을 꺼내 놓으셨어. 그때 확실히 알았지. 노인들을 상대로 비싸게 약을 파는 사람들을 만난 것이라는 것을 말이야.

다행히 이렇게 판 약품이나 건강식품은 환불을 받을 수 있다는 기사를 어렴풋이 본 것 같아 해당 업체로 전화를 하고 받은 것을 고스란히 포장해서 택배로 보낸 뒤 환불을 받아 드렸지. 환불까지 꽤 번거로운 일이었지만, 해결하고 편해진 엄마의 표정을 보니 참 다행스럽더라고.

요즘 노인들을 상대로 재미난 이야기도 해 주고 노래도 불러 주고 자질구레한 상품도 주면서 비싼 약을 파는 약장수들이 문제가 되고 있는데, 다른 사람도 아닌 우리 엄마가 그런 속임수에 넘어가 비싼 엉터리 약을 사 오리라고는 생각도 못했지.

지금은 노인들을 속여 비싸게 약을 파는 음지의 약장수들이 있지만, 옛날의 약장수는 더 크고 더 밝고 더 사람이 많은 곳에서 남녀노소의 혼을 쏙 빼놓곤 했어.

"애들은 가! 날이면 날마다 오는 것이 아니야. 일단 한 번 잡숴 봐!"

약속이라도 한듯 똑같은 말로 약을 팔면서 사람들에게 볼거리를 제공하던 옛날의 약장수는 장사꾼이기 앞서 공연 예술인에 가까웠어.

약장수는 주로 돈이 많이 오가는 장터를 찾아 판을 벌였어. 물건을 팔고 사느라 두둑해진 사람들의 주머니를 털려고 각종 쇼를 벌였지. 특히 큰돈이 오가는 소시장은 약장수들이 선호하는 무대였다고 해.

약장수는 먼저 사람들의 주목을 끄는 차력이나 쇼, 노래를 해서 구경꾼을 모았어. 덩치가 큰 남자가 불이 붙은 막대기를 삼키고, 배에 벽돌을 쌓아 놓고 내리쳐 깨고는 아무렇지 않다는 듯 괴성을 지르며 차력을 선보이고, 믿거나 말거나 뱀이 들어 있다는 항아리로 공포심을 유발하기도 했어. 눈이 휘둥그레진 사람들 앞에 노래 잘하는 사람이 나와서 흥을 돋우고 나면 그날의 주인공 약장수가 등장해.

"세상에서 제일 중요한 게 뭐야? 돈? 아니야! 건강? 그렇지. 돈을 잃으면 하나를 잃는 것이고 건강을 잃으면 몽땅 다 잃는 거야! 내가 오늘 100살까지 건강하게 사는 비결을 알려 주러 왔어. 자, 애들은 가! 날이면 날마다 오는 게 아니야. 이것이 무엇이냐? 바로 온몸의 아픈 곳을 구석구석 말끔하게 낫게 해 준다는 만병통치약!"

떠돌이 약장수는 귀한 보물이라도 꺼내듯 품에서 약을 꺼내면서 너스레를 떨었지.

"자! 이게 얼마나 효과가 좋으면 큰 병원 의사도 이 약 없으면 편하게 잠을 못 잔대. 이제 열 개밖에 안 남아서 아무나 못 사! 우리 엄마가 달라고 해도 못 줘. 오늘이 마지막! 여기 계시는 분들은 횡재야."

구경꾼 사이에서 미리 약장수와 계획한 바람잡이 남자가 손을 번쩍 들자 구경하던 사람들도 하나둘 손을 들어 약을 샀지. 만병통치약이 얼마나 효과가 있을지는 사람들에게 그다지 중요하지 않았어. 구경거리가 별로 없던 사람들에게 약장수가 펼치는 신기한 볼거리는 몇 푼짜리 약을 팔아 주는 것으로 대가를 치를 만큼 반가운 것이었거든.

약장수가 파는 약은 주로 종기를 치료하는 고약, 무좀약, 모든 병을 싹 낫게 한다는 만병통치약이었는데, 알고 보면 싸구려 약재로 대충 조악하게 만든 엉터리였어.

대부분의 사람은 약의 효과보다는 공연료를 지불한다는 생각으로 약을 구입했고 그렇게 산 약은 아무렇게나 집에 굴러다니기도 하고 때론 신통방통하게 플라시보효과(효과가 없는 약으로도 환자의 기대심리로 효과를 보는 현상)를 일으키기도 했어.

더 거슬러 올라가 의료기관이 부족했던 조선에서는 이런 쇼의 성향이 강한 약장수가 아니라 전국을 다니는 전문 약장수의 가짜 약이 문제를 일으키기도 했어.

그때는 지금처럼 약을 철저하게 나라에서 관리하던 시절이 아니었어. 일반 의약품은 돈만 있으면 누구나 사다가 팔 수 있었어.

신문의 대부분 광고가 약을 파는 광고였으며, 그 당시 광고하던 약들은 모두 만병통치약이 따로 없을 정도로 효과가 과장되었지. 허위 과장된 약들은 '매약상'이라 불렀던 약장수들이 가지고 전국을 누비며 팔러 다녔어. 특히 의료기관이 부족한 시골 사람들이 주된 고객이었는데, 값싼 약을 가져다 비싸게 속여 팔아 폭리를 취하는 사람도 많았대.

약장사가 돈이 되자 사기꾼들이 모였고 엉터리로 만든 싸구려 약을 먹고 병이 나거나 심지어 목숨을 잃는 사람들이 생겨나자 나라에서도 단속을 했지만 워낙 약장수가 많고 활동 범위가 넓어서 단속이 쉽지 않았어.

가짜 약의 위험성이 퍼지고 점차 약국이나 병원 같은 의료시설이 많아지면서 떠돌이 약장수와 전문 매약상들은 사라지게 되었어. 지금은 시골 장터의 이벤트 정도로 남게 되었어.

사람들에게 재미있고 신기한 볼거리를 제공해 주는 것도 좋지만 약이나 건강식품은 사람의 건강에 직접적인 영향을 주는 중요한 것이므로 사람들을 속여 돈을 버는 가짜 약장수는 더 이상 없었으면 하는 바람이야.

속담

약방에 감초
→ 한약에 꼭 들어가는 감초처럼 어떤 일이든지 꼭 끼어서 참견하는 사람을 일컫는 말.

병 주고 약 준다
→ 해를 입힌 다음에 도와주는 경우를 비유하는 말.

세월이 약이다
→ 아무리 가슴이 아프고 괴로운 일이라도 세월이 흐르면 무뎌지고 잊힌다는 뜻.

사후 약방문
→ 사람이 죽은 다음에 약을 구한다는 말로 어떤 일이 다 끝난 다음에 대책을 세우는 부질없는 일을 비유함.

개똥도 약에 쓰려면 없다
→ 개똥처럼 보잘 것 없고 흔한 것도 막상 필요할 때 없다는 뜻.

제6장

목구멍이 포도청

법을 어겨야 돈을 버는 직업

눈 뜨고 코 베이다, 조직적인 소매치기

표낭도

유럽 여행을 다녀 온 사람들에게 종종 듣는 이야기가 있어. 유럽에는 아직도 소매치기가 많아서 눈 깜짝할 사이에 가진 돈과 여권을 몽땅 털리고 난처했다는 이야기야. 그러고는 우리나라처럼 소매치기도 없고 치안도 잘 되어 있는 나라가 없다고 해. 외국에 나가 보면 역시 애국자가 되나 봐.

하지만 우리나라 역시 소매치기가 극성을 부리던 때가 있었어.

1980~90년대만 해도 사람 많은 명동이나 종로 거리 또는 만원 버스나 지하철에서 주머니 속 지갑을 빼 가거나 가방을 열거나 찢어서 귀중품을 꺼내 가는 소매치기들이 많았어.

나도 어릴 때 세뱃돈이 가득 든 지갑을 지하철에서 소매치기당하고 종일 펑펑 운 적이 있었고, 성인이 된 뒤에는 명동 거리를 걷다가 소매치기한테 가방이 찢긴 경험이 있었으니 말이야.

1965년의 검찰 통계로는 전국에 3천3백여 명의 소매치기가 있었다고 하니 지금과는 사회 분위기가 많이 달랐겠지? 그렇게 극성을 부리던 소매치기가 근대에 생긴 것은 아니었어.

아주 옛날에도 소매치기는 있었고, 소매치기라는 이름도 옛날 생활 모습에서 나온 말이거든. 옛날 양반들은 주머니가 따로 없는 두루마기나 도포 같은 옷을 입고 큰 소매 안에 귀중품이나 돈을 넣고 다녔는데, 그 옷소매를 쳐서 그 안의 돈을 훔쳐 간다고 해서 소매치기라는 말이 나왔다고 해.

이들을 표낭도剽囊盜 혹은 표낭자剽囊者라고 불렀는데, 빠를 표, 주머니 낭을 써서 빠르게 주머니를 털어가는 도적이라는 의미야.

표낭도는 팀을 꾸려서 조직적으로 움직였는데, 한양의 대표적인 시장인 칠패시장처럼 사람이 많이 모이는 저잣거리에서 주로 활동을 했대.

표낭도의 표적은 오른쪽 소매를 만지는 사람이었는데, 왜 그랬을까? 조선 시대 양반들은 돈을 천한 것이라고 여겨서 직접 만지기를 꺼려 했다고 해. 그래서 돈 많은 양반들은 돈을 만지는 노비를 고용해서 대신 경제 활동을 했어.

노비를 쓸 수 없는 가난한 양반들은 어쩔 수없이 직접 돈을 만져야 했는데 옳은 일을 할 때 사용하는 오른손으로는 돈을 만지지 않았고 잡일을 하는 왼손으로 돈을 만졌대. 왼손으로 돈을 꺼내야 하니까 돈은 어디에 넣었겠어? 그렇지, 바로 오른쪽 소매에 넣었겠지.

그래서 오른쪽 소매를 만지는 사람이 바로 표낭도들의 표적이 된 거야. 표낭도는 팀을 꾸려 한 명이 앞길을 막아 주위를 끌면 다른 한명이 돈을 훔쳤어. 혹시라도 걸려서 도망을 치게 되면 골목에 숨어 있던 다른 패거리들이 길을 막아 도망을 돕는 등 조직적인 수법을 썼다고 해.

소매치기를 하다가 잡히면 엄한 형벌을 받았음에도 계속되었고 세월이 흐르면서 그 조직과 수법도 다양해졌지.

1988년 서울 올림픽을 앞두고 경인 지역 소매치기 간부들이 한자리에 모인다는 첩보가 경찰에 전해졌대. 나라의 큰일을 앞두고 비상이 아닐 수가 없었지. 외국에서 손님이 많이 올 텐데 소매치기들이 작당을 해서 극성을 떨면 이 또한 나라 망신이거든. 경찰들은 소매치기를 소탕하려고 철저한 준비를 했어. 그런데 곧이어 날아든 또 하나의 정보가 경찰들을 당황시켰대. 바로 소매치기 간부들의 믿기 힘든 엉뚱한 결의였어.

> "우리는 우리나라의 명예를 위하여 올림픽 기간 동안 일체의 소매치기 활동을 금하며 조직의 결정을 따르지 않는 자는 소속과 지휘의 높고 낮음을 막론하고 벌한다. 올림픽이 성공적으로 끝날 수 있도록 모두 최선을 다한다."

놀랍게도 그 결의대로 전국에서 활개를 치던 소매치기들이 올림픽 기간 동안에는 잠잠했대. 이 이야기는 88올림픽 개막식을 총괄했던 소설가이자 전 문화부 장관이었던 이어령 교수가 소개한 일화로 유명해.

올림픽의 영향인지 80년대 후반부터 수가 줄어들기 시작한 소매치기는 현재 우리나라에서 거의 찾아보기 힘들게 되었어. 예전에 비해 현금을 가지고 다니는 사람이 줄었을 뿐만 아니라 카드 사용 내용이 기록되고 어디서든 CCTV가 늘 지켜보는 세상이잖아. 소매치기가 활동하기에 어려운 세상이기도 하지만, 그들의 소매치기 기술도 더 이상 전해지지 않아서 사라졌다고 해.

소매치기 또한 문명의 발달로 사라진 직업이라고 할 수 있을 것 같아. 얼마 전 뉴스에서 노년의 소매치기들이 지방의 축제에 나타났다가 검거되었다는 소식을 접했어.

80대 노인이 된 소매치기들이 비슷한 또래의 노인들을 겨냥해 금 목걸이를 훔치려다가 덜미를 잡혔다고 하는데, '현장에 나간 모두가 한꺼번에 잡힌 것은 소매치기 역사에서 '처음'이라는 황당하고 씁쓸한 말을 남겼다고 해. 이들의 범행은 CCTV를 통해서 발각되고 꼬리가 잡혔다고 하니 이제 소매치기가 자유로운 곳은 우리나라 어디에도 없을 거야.

 저잣거리를 어슬렁대던 표낭도나 명동 거리를 배회하던 소매치기 모두 이젠 역사 속에 박제되어 뉴스로도 만나는 일이 없었으면 해.

속담

목구멍이 포도청이다
→ 먹는 입이 죄인이 벌벌 떠는 포도청만큼 무섭다는 뜻으로 먹고살기 위해서 무슨 일이든 하게 된다는 뜻.

도둑이 제 발 저리다
→ 지은 죄가 있을 때 마음이 편하지 않고 조마조마해짐을 비유하는 말.

열 사람이 지켜도 한 도둑 못 막는다
→ 여러 사람이 지키고 살펴도 한 사람의 나쁜 짓을 막기 힘들다는 뜻.

늦게 시작한 도둑이 새벽 다 가는 줄 모른다
→ 어떤 일에 남들보다 뒤늦게 흥미를 가진 사람이 그 일에 빠져 열중한다는 의미.

도둑이 들려면 개도 안 짖는다
→ 나쁜 일이 일어나려면 어떤 노력을 해도 상황이 제대로 되지 않음을 비유한 말.

뒷간이 깨끗하면 들어왔던 도둑도 그냥 나간다
→ 집 안 살림을 깔끔하게 잘 하면 귀중품도 잘 간수했으리라 생각해 도둑이 되돌아가 도둑맞을 일도 없다는 뜻으로 정리 정돈을 잘하라는 의미로 쓰인다.

얼마면 돼? 돈이라면 얼마든지 만들어 줄게

동전 사주자

으슥한 지하실에서 은밀히 찍어 낸 어마어마한 양의 위조지폐. 위조지폐를 차에 실어 나르는 갱단과 이를 쫓는 경찰의 아슬아슬하고 치열한 추격전. 결국 쓰러진 차 안에서 쏟아져 거리에 눈발처럼 날리는 위조지폐들. 이런 장면은 아주 흔한 외국 영화 속 클리셰(미리 만들어 놓은 기성품처럼 새롭지 않은 표현이라는 뜻)라고 할 수 있지.

영화에 단골 소재가 되는 위조지폐 사건이 외국에서만 있던 일은 아니야. 우리나라에도 옛날부터 화폐를 위조하는 전문적인 직업이 있었고 그들 때문에 나라가 위태로웠던 때가 있었어. 화폐가 통용되기 전의 사람들은 옷감이나 곡식을 화폐처럼 썼어. 물건을 구입하거나 나라에 세금을 낼 때 옷감이나 곡식을 들고 다녀야 하니 많이 불편했고 관리도 쉽지 않았겠지?

조선 시대를 대표하는 화폐인 '상평통보常平通寶'가 만들어지고 본격적으로 유통된 것은 1678년 숙종 때였어. 그전에도 지폐나 조선통보라는 동전을 발행했지만, 여러 가지 이유로 실패했거든.

상평통보는 '언제나 일정한 가치를 지니는 화폐'라는 뜻으로 동그란 동전 가운데 네모난 구멍이 뚫린 모양인데, 동그란 모양은 하늘, 네모는 땅을 의미했어.

상평통보는 일본에서 수입한 구리를 주원료로 아연과 납을 섞어 만들었지.

조선 조정은 화폐를 만들면서 얻은 이익으로 흉년이 들 때 백성을 구휼하는 자금으로 쓰거나 국방비로 쓰는 등 처음에는 아주 바람직한 모습을 보여 주었어.

하지만 동전에 들어가는 구리의 가격이 치솟자 조정은 동전의 구리 함량을 계속 줄였어. 나중에는 동전의 무게가 반으로 줄어들 정도였대.

이렇게 구리로 동전을 만들면 생기는 이익이 또 다른 문제를 일으키게 돼.

화폐의 쓰임새가 커지자 제조를 민간에서 관여했기 때문이었어. 상평통보는 주전소(동전을 만들기 위해 임시로 설치한 관아)에서 구리, 납 등의 금속을 녹여 거푸집으로 찍어낸 뒤 거친 부분을 갈아 만들었는데, 민간에서 조정의 명령을 어기고 구리를 빼돌려 몰래 불법적인 위조 화폐를 찍어냈어.

위조 화폐를 만들 구리가 모자라자 놋그릇 도둑이 극성을 부렸고 조정의 관리들까지도 위조 화폐 제작에 끼어들어 조직적으로 위폐가 만들어져서 유통되었대.

이렇게 위조된 화폐를 '사주전'이라고 했고 이런 사주전을 만드는 사람을 '사주자'라고 불렀어.

나라에서 발행하는 화폐가 아닌 민간에서 만든 위폐가 돌아다니면 시장이 어떻게 되겠어?

돈이 흔해지고 물건이 귀해지니 물가가 마구 올랐고 너도나도 돈을 찍어내려 혈안이었지. 구리가 동전이 되면 그 가치가 몇 배로 뛰니 말이야.

위폐가 문제가 되자 나라에서도 대책을 세워. 화폐를 만들 때 구리를 녹이는 화로의 수를 나라가 관리했고 나라가 지정한 것 외의 놋그릇도 사용할 수 없게 했어.

또 화폐 뒷면에 발행 관청을 새겨 넣고 천자문 순서로 일련번호를 매겨 위조를 방지하며 동전 사주자의 형벌을 강력하게 정했어. 숙종 때 사주자를 잡아 사형시키는 등 강력한 처벌이 실제로 이루어졌지.

하지만 사주자들은 나라의 감시를 피해 바다에 배를 띄워 놓거나 동굴에 들어가서 위조 화폐를 만들었어. 형벌보다 돈의 유혹이 더 컸던 거야.

외딴곳에서 도둑들이 승려로 위장하고 위조 화폐를 만들어 '주전골'이라는 지명이 생기기도 했고 설악산 근처 점봉산에는 동굴에 숨어 사주전을 만드는 사람들이 있었는데, '점봉산 돈 닷 돈'이라는 노랫말이 돌아서 그 일당이 다 붙잡혀 처형을 당하는 일도 있었대.

화폐가 유통되는 동안 그렇게 사주전은 계속 만들어졌지.

고종은 1883년 상평통보와 실제의 가치가 같은데, 명목상 가치를 다섯 배나 올린 당오전을 만들어서 유통했어. 그런데 그 동전의 품질이 조악해서 위조하기가 더 쉬웠다고 해.

만들기도 쉽고 가치는 높으니 사주자들이 당오전을 마구 찍어냈겠지? 이런 혼란 때문에 생필품 가격이 100배 오르자, 고종은 당오전 만들기를 중단했대.

그리고 1892년부터 백동화를 발행했는데, 이것 또한 한 개의 실질적인 가치보다 다섯 배가 부풀려져서 유통이 되었어. 그 차익은 왕실이 가져갔지만 이런 이익을 사주자들이 놓칠 리가 없었지. 이번에는 외국인들까지 가담해서 위조 화폐를 만들어 결국 백동화도 제작이 중단되었어.

이렇게 나라에서 가치를 부풀린 화폐를 만들어 내고 사주자들이 위폐를 만들어 유통하면 그 피해는 누가 봤을까? 피해는 바로 백성에게 고스란히 전해졌어.

백성들은 가짜 화폐로 발생한 물가 상승을 피부로 느껴야 했고 나라에 그만큼의 세금을 내야 했기 때문에 가난을 면치 못했지. 이런 가난 때문에 경제가 악화되고 결국 일본이 조선을 손쉽게 지배하게 된 것이라는 견해도 있어.

현재에도 위조지폐가 만들어져서 유통되다가 적발되는 사건이 일어나긴 해. 그렇다고 걱정할 것은 없어. 위조지폐 때문에 생겨난 직업이 있거든. '위폐 감식 전문가'라는 직업으로 한국 조폐 공사와 외환 은행에서 활동하면서 화폐와 유가 증권을 감식하는 일을 해.

위폐 감식 전문가는 소수의 인원이지만, 위조지폐를 구분해 경제가 혼란해지는 것을 막는 큰일을 하고 있어. 만약 조선 시대부터 이런 전문 직업이 있었다면 역사는 어떻게 바뀌었을까?

'땡전 한 푼 없다'의 땡전은 어떻게 생긴 말일까?

1966년 흥성 대원군이 왕실의 권위를 회복한다는 이유로 임진왜란 때 불 탄 경복궁 중건을 무리하게 강행하는 일이 생겨. 나라에서는 워낙 돈이 많이 드는 사업이기에 이를 충당하려고 당백전이라는 상평통보 100배 가치의 동전을 만드는데, 이 당백전 때문에 오히려 화폐 가치는 더 하락하고 물가는 치솟게 되는 경제적 혼란을 가져와. 화폐의 가치가 땅에 떨어졌다고 해서 '땅돈'에서 '땅전'이 되었고 결국 '땡전'이 되었대. 돈을 낮잡아서 이르는 말인 땡전은 이런 가치가 하락한 화폐에서 나온 말이래.

상평통보

출처 창녕 박물관(e뮤지엄)
소장품 번호 창박위임 7026

2전5푼 백동화

출처 국립 중앙 박물관(e뮤지엄)
소장품 번호 신수 17862

가짜 같은 진짜? 진짜 같은 가짜를 팝니다

안화상

명품이라는 말을 알고 있지? 요즘은 값비싼 브랜드의 자동차나 가방, 시계 등 귀금속을 주로 이야기할 때 쓰는 말이지. 이런 명품은 좋은 물건이라는 뜻이지만, 누구나 갖고 싶은 물건이라는 의미도 있어. 그래서 이런 갖고 싶은 욕심 때문에 생겨나는 것이 바로 짝퉁이라고 부르는 가짜들이지. 좋은 것을 싸게 구매하고자 하는 욕심과 그 심리를 이용해서 쉽게 돈을 벌려는 사람들이 만들어 낸 가짜의 역사는 아주 오래되었어.

모든 명품에 가짜가 따라다니듯 우리 역사 속에도 명품이 있었고 짝퉁을 만들어 파는 직업도 있었어. 이들을 '안화상'이라고 불렀는데, 구하기 쉬운 고기를 비싼 고기라고 속여 팔기도 하고 사치품이나 장식품, 그림, 글씨 등 별의별 가짜를 다 만들어 팔았다고 해.

안화상들이 주로 취급하던 품목은 바로 우리나라의 대표적인 명품, 바로 인삼이었어. 그 옛날의 인삼은 지금처럼 재배하는 인삼이 아니라 심마니가 산 깊은 곳에서 캐내는 산삼을 인삼이라고 불렀어. 인삼이 밭에서 캐내는 것이 아니라 온 산을 누비고 다니는 심마니도 꿈에 조상이 보여야 겨우 발견한다는 귀한 것이기에 그 값도 비쌌고 아무나 구할 수도 없는 귀한 약재

였어. 게다가 조선의 인삼은 늙지 않게 해 주는 불로초 또는 어떤 병도 치유시키는 만병통치약이며, 심지어 죽어가는 사람을 살리는 명약이라는 이미지가 있어서 주변 국가들이 최고로 치는 명품이었지.

우리의 인삼은 삼국 시대부터 귀한 외교 선물로 중국과 일본에 전해졌고 고려 때는 벽란도의 외국 상인을 통해 동남아와 아라비아까지 명성을 떨쳤어.

이렇게 귀한 명품, 인삼이 안화상들의 손에서 가짜로 만들어져 팔렸는데 인삼과 비슷하게 생긴 도라지 껍질을 가공해서 인삼의 형태로 만들거나 조각난 인삼을 아교풀로 붙여서 완전한 인삼이라 속여 팔기도 하고 무게를 늘리려고 꿀에 인삼을 절여 두었다가 파는 등 다양한 방법의 사기 행각을 벌였어.

영조 28년 6월 13일의 기록을 보면 족두리풀의 뿌리로 가짜 형체를 만들어 삼 껍질을 풀로 붙여 만든 조삼(가짜 인삼)을 본 영조가 "당당한 나라로서 이런 보잘 것 없는 공인들이 만든 가짜로 믿음을 잃을 수 있으니 조삼을 만든 자와 파는 자를 엄벌에 처하라" 명하고 있어.

가짜 인삼이 외교 문제로 번질까 봐 왕도 걱정할 정도였대.

특히 조선의 인삼을 좋아했던 나라가 일본인데, 우리의 통신사가 선물로 가져간 인삼이 꿀에 절인 밀삼이라 외교 문제로 번질 뻔한 적도 있었대.

조선의 상인들은 인삼을 일본의 은과 바꾸어 그 은으로 중국에서 비단을 사들이는 형식의 무역을 했어. 일본은 조선의 인삼을 사려고 순도 높은 특수한 은을 만들어내야 했는데, 조선 상인들이 순도 낮은 은을 거부했기 때문이야.

산에서 캐던 인삼으로 그 수요를 충당하기 어렵게 되자 인삼을 재배했고 인삼을 쪄서 가공해 홍삼을 만들기도 했어.

또한 인삼이 아편을 태우는 청나라 사람들의 치유제로 널리 알려지면서 그 인기가 폭발하는데, 순조 때 상인 임상옥이 청나라 인삼 무역의 독점권을 따내 큰돈을 벌었지.

청나라 상인들은 인삼을 팔러 온 임상옥에게 얕은수를 써서 가격을 낮추려고 담합을 했어.

싼 가격이 아니면 모두 임상옥의 인삼을 사지 말자고 말이야. 가지고 온 인삼을 팔지 못하고 다시 조선으로 가져가야 할 상황이 되자 임상옥은 돌

발행동을 해서 모두를 놀라게 하지.

가져온 인삼 자루를 보란 듯이 불에 태워 버린 거야. 청나라 상인들은 눈앞에서 귀한 인삼이 다 타버리자 혼비백산했지. 결국, 그들은 남은 인삼을 평소보다 훨씬 비싼 가격에 살 수 밖에 없었다고 해.

조선의 안화상들이 가짜를 팔아 외교에 문제를 일으킬 만큼 인기가 많았던 인삼은 지금도 여전히 전 세계 사람들의 사랑을 받는 명품이야. 그래선지 아직도 안화상 같은 사기꾼들이 중국산 인삼을 우리 인삼으로 속여 팔기도 하고 가짜 홍삼 제품을 만들어 우리 인삼의 위상에 먹칠을 하고 있어. 명품의 본질을 훼손하는 짝퉁은 팔지도 또 사지도 말아야겠지?

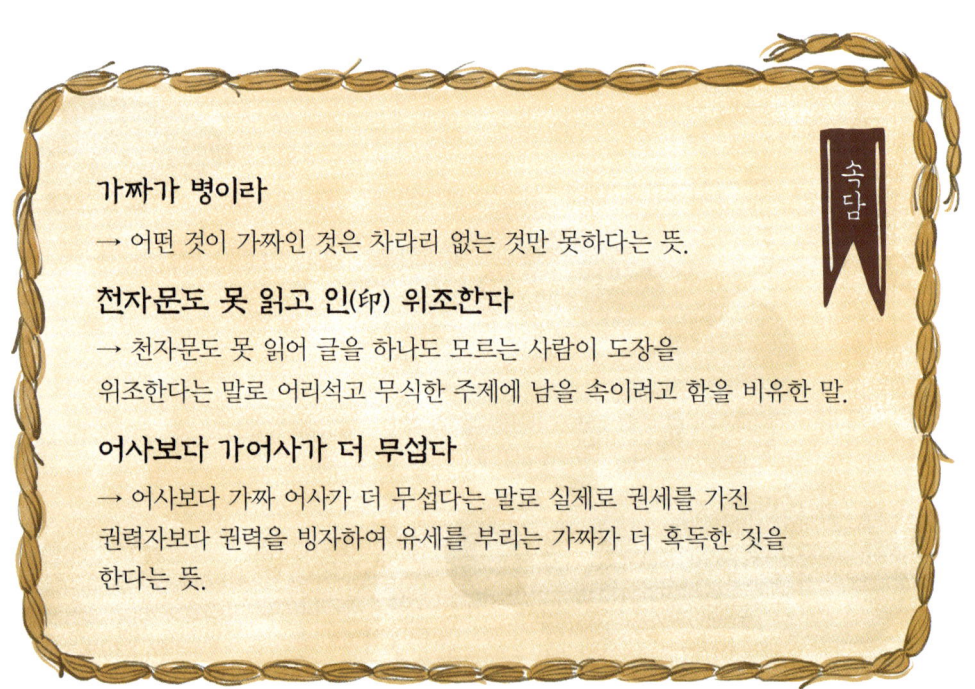

속담

가짜가 병이라
→ 어떤 것이 가짜인 것은 차라리 없는 것만 못하다는 뜻.

천자문도 못 읽고 인(印) 위조한다
→ 천자문도 못 읽어 글을 하나도 모르는 사람이 도장을 위조한다는 말로 어리석고 무식한 주제에 남을 속이려고 함을 비유한 말.

어사보다 가어사가 더 무섭다
→ 어사보다 가짜 어사가 더 무섭다는 말로 실제로 권세를 가진 권력자보다 권력을 빙자하여 유세를 부리는 가짜가 더 혹독한 짓을 한다는 뜻.

개나소나 급제시키는 과거 조작단

거벽의 무리

옛날 영남 합천군에 유광억이라는 선비가 있었어. 유광억은 시를 잘 짓고 머리가 뛰어났지만, 가난하고 집안이 변변치 않아 남의 대리 시험을 봐 주며 살고 있었지. 남의 대리 시험을 보는 사람을 '거벽'이라고 했어. 유광억이라는 거벽이 개나소나 아무나 급제시킨다는 소문이 자자해지자 관리들이 모여 머리를 맞대었어.

"유광억이라는 자가 불법을 저질렀으니, 잡아서 벌을 줘야겠습니다."

과거 시험을 담당하는 경시관이 한 관리의 말을 듣다가 입을 열었어.

"뭐 대리 시험이 하루이틀 일도 아니고 거벽 한 사람 벌을 주면 뭣하겠나. 차라리 그렇게 뛰어난 인재라면 장원으로 뽑아서 벼슬을 주는 것이 나은 것 아닌가?"

경시관의 말에 다른 관리가 고개를 끄덕이며 말했어.

"허나 어떻게 유광억의 답안지를 골라냅니까?"

경시관은 입꼬리를 실룩대며 자신 있게 말했어.

"그 정도야 식은 죽 먹기지. 유광억 정도의 실력이면 반드시 급제할 실력일터이니 이번에는 진짜 뛰어난 답지를 고르면 될 것이네."

경시관의 말에 다른 관리들도 흔쾌히 동의했어. 그리고 과거 시험이 열리자 경시관은 답안지 중 가장 뛰어난 세 개를 골라냈지.

그리고 그중 으뜸이 되는 답지를 들고 말했어.

"이것이 바로 유광억의 것이니 장원을 줘야겠네."

경시관은 장원을 발표하고 유광억이 나올 것을 기대했어.

그러나 예상은 제대로 빗나갔지. 장원으로 뽑힌 답안지는 유광억의 것이 아니었어.

"이럴 수가 없다. 그렇다면 2등과 3등 중에 유광억이 있는가?"

경시관은 2등의 답지와 3등의 답지도 공개했고 모두 유광억이 답지의 주인이 아닌 것을 확인하자 크게 실망했어.

"분명 가장 뛰어난 답을 쓴 인재를 뽑았는데, 유광억이 아니라고?"

이때 경시관이 낙담하는 모습을 멀리서 지켜보고 있는 사람이 있었어. 바로 유광억이었지.

그는 흡족한 미소를 짓고 돌아섰어. 사실 장원으로 뽑힌 답안지와 2등, 3등 답안지 모두 유광억이 대리로 시험을 치르고 다른 사람의 이름을 적어낸 것이었어.

100냥을 받은 시험지는 장원, 80냥은 2등, 50냥은 3등 이런 식으로 받은 돈만큼 실력을 발휘했기에 유광억은 정확하게 결과를 예측한 것이 만족스러웠지.

얼마 뒤 경시관은 자신이 장원을 준 답지가 정말 유광억이 대리로 시험을 본 것이라는 사실을 알게 되었고 유광억을 찾으려고 수소문했지만 찾을 수 없었다고 해.

✳ ✳ ✳

이 이야기는 조선 시대 소설가인 이옥이 쓴 《유광억전》의 내용이야.

작가는 유광억이라는 인물을 통해서 과거 제도를 비판하고 있는데, 당시 과거 제도는 대리 시험이 당연시 될 정도로 부패했다고 해.

과거 제도는 시험을 통해 뛰어난 인재를 공정하게 뽑겠다는 의도를 가지고 치른 시험인데, 조선 후기가 되면 부정부패가 판치는 무대가 돼. 시험관을 매수하거나 대놓고 커닝을 하기도 하고 더 나아가 돈을 주고 대리 시험을 보는 경우도 많았다고 해.

특히 대리 시험은 '과거 조작단'이라고도 부를 법한 무리가 아주 체계적이고 조직적으로 움직였어. 먼저 몸싸움을 벌여 좋은 자리를 잡는 '선접꾼'이 나서서 자리를 잡지. 왜냐하면, 과거 시험은 전국의 수많은 응시생이 한곳에 몰리기 때문에 자리 잡는 것도 쉽지 않았거든.

좋은 자리를 잡았다면 다음은 유광억과 같이 대리 시험을 봐주는 '거벽'이 나서서 시험을 봐. 그러면 글씨를 잘 쓰는 '서수'가 보기 좋은 글씨로 필사를 해서 깔끔한 답지를 만들지. 자, 답지가 완성되었어. 이제 마지막 단계는 다시 힘 좋은 선접꾼의 차례가 돼.

선접꾼은 답지가 쌓인 곳에서 가장 보기 좋은 자리에 답지를 놓는데, 이 과정에서 사람이 깔려 사고를 당하거나 죽는 일도 생기곤 했대. 아주 아수라장이 따로 없었지. 이때 과거 시험장에는 술을 파는 사람까지 들어와서 장사했다고 하니 이래서 '난장판'이라는 말이 나왔대. 시끌벅적 엉망진창 뒤죽박죽인 과거 시험장을 난장이라고 했는데, 정신이 없는 상황을 과거 시험의 난장에 빗대어 난장판이라는 말이 나왔다고 해.

　이런 난장판에서 온갖 비리와 부정으로 뽑은 관리들이 어땠겠어? 보나마나 제 역할을 제대로 해 나갈 능력과 자격이 없으니 나라에 혼란을 더하는 원인만 제공하는 꼴이었지.

　과거 시험을 대신하던 거벽의 무리들은 어지러웠던 사회와 문화적 배경을 보여 주는 직업이었는데, 1894년 갑오개혁으로 과거 제도가 폐지되자, 사라지게 되었어.

압권은 과거 시험에서 나온 말이다?

어떤 일에 뛰어난 재주나 실력을 가져 무리에서 으뜸이 되는 사람을 말하거나 책이나 영화 같은 작품 가운데 잘된 장면 등을 이야기할 때 '압권'이라는 말을 자주 써.

이 말은 과거 시험 제도에서 나온 말로 압권(壓卷)은 누를 압, 책 권자로 책은 즉 시험지를 뜻해. 가장 잘 쓴 답안지가 맨 위에서 나머지 답안지를 누른다는 뜻인데, 과거 시험을 볼 때 시험관들이 심사를 마치고 1등을 뽑아 왕이 잘 볼 수 있도록 1등의 시험지를 가장 위에 올려놓는 관습에서 비롯되었대. 왕은 신하들이 뽑은 시험지에 장원을 주기도 하고 그 다음 시험지를 보고 더 마음에 들면 장원을 바꾸기도 했다고 전해져.

조선판
범죄와의 전쟁

검계

옛날 한 젊은 사내가 한 시골 마을에 찾아와 살 집을 구하고 있었어. 사내는 마을에서 가장 나이 많은 어른을 찾아갔지.

"어르신, 어르신께서 이 마을에 가장 오래 사신 분이라 들었습니다. 저희 식구가 지낼 집을 구하고 있는데요. 농사지을 조그만 밭도 딸려 있는 집이었으면 좋겠습니다."

사내가 말하자 머리에 하얗게 서리가 내린 노인이 인자하게 주름 잡힌 얼굴로 대답했어.

"조금만 기다려보게. 망동이가 올 때가 되었거든."

"망동이요?"

사내가 어리둥절한 표정으로 물었어.

"응, 표망동이라고 이 고을에서 집주릅을 하는 놈이여. 그놈이 잘 아니까 기다려 보세."

집주릅이란, 지금의 부동산 업자같이 집이나 땅을 중계해 주는 사람을 말해. 사내는 노인과 함께 집주릅을 기다렸어. 얼마 지나지 않아 한 노인이 나타났지. 그런데 이 노인의 행색이 요란했어. 산신령처럼 긴 백발에 자루만 남은 쇠 삽을 짚고 여기 저기 꿰맨 황금색 바지가 유난히 검은 낯빛 때문에 더욱 튀는 차림이었어.

"표망동이 왔나?"

집주인 노인이 반갑게 맞자 집주릅이 마땅찮은 표정으로 말했어.

"형님, 표망동이 뭐요? 표철주도 아니고."

"삽자루나 짚고 다니는 주제에 철주는 무슨 얼어 죽을! 자네한테는 망동이가 찰떡이여. 여기 젊은이가 새 집을 구한다는구먼."

집주릅은 낯선 사내를 찬찬히 살피면서 말했어.

"어디서 왔수? 혹시 죄 짓고 도망 다니고 그런 건 아니지?"

사내는 손사래를 치며 대답했어.

"아녜요. 한양에 살다가 노모께서 건강이 나빠지셔서 산 좋고 물 좋은 곳으로 이사 오려고 알아보는 중입니다."

집주릅의 쭉 째진 눈이 한양이라는 말에 휘둥그레졌어.

"하…… 한양에서 왔다고?"

순간 집주릅의 눈빛에 먹구름 같은 불안이 드리워졌어. 집주릅은 짚고 있던 삽자루 끝을 사내에게 겨누며 경계의 눈을 부라렸어.

"장사또가 보낸 놈이냐? 날 죽이라고 보냈더냐?"

사내가 깜짝 놀라 뒷걸음치자 노인이 집주릅의 앞을 막아섰어.

"그만하게. 아직도 장사또 타령인가? 자네 때문에 장사또가 무덤에서 걸어 나오겠네."

집주릅은 의심을 거두지 못한 채 삽자루만 거둬들이며 물었어.

"혹시 장사또가 아직 살아 있는가? 장붕익이 말일세."

사내는 고개를 가로저으며 말했어.

"저는 그분이 누구신지 잘 모릅니다."

"포도대장 장붕익을 몰라?" 하긴 그 양반이 살아 있으면 백 살은 훌쩍 넘었을 테지. 하하하!"

집주릅이 보란 듯 호탕하게 웃었어. 하지만 그의 앙상한 다리는 미세하게 떨고 있었지.

"젊은이가 이해하게. 저놈이 젊은 시절에 유명한 검계였다네. 장사또라는 사람한테 잡혀서 죽다 살아났다는데, 장붕익이라는 포도대장 이름만 들어도 벌벌 떤다네."

"무섭긴 뭐가 무섭다고. 그냥 싫은 것이외다. 내가 아직 안 죽고 살아 있는 이유가 뭔지 아슈? 저세상에 가서 장붕익을 만나기 싫어서란 말이지."

집주릅이 듬성듬성 빠진 이를 드러내고 씁쓸하게 웃어 보였어.

✻ ✻ ✻

과거 검계였다는 집주릅이 귀도 먹고 이도 빠진 노인이 되어서도 두려움에 떨게 만들었던 장붕익, 그는 누구였을까?

먼저 집주릅 노인의 과거였다는 검계 이야기를 해 볼게. 검계는 조선의 범죄 집단으로 요즘으로 말하자면 조직 폭력배 정도의 무리라고 할 수 있는데, 원래는 장례를 치르려고 결성된 '향도계'에서 시작되었다고 알려져 있어.

검계는 이름처럼 몸에 검을 지니고 다니면서 패악을 부렸고 몸에 상처가 있는 것이 특징이었다고 해. 주로 출세가 불가능한 서얼(양반과 천민 사이의 자식)이나 중인의 신분이 많았대.

검계가 영조 때 특히 극성이었는데, 그 이유가 바로 영조가 엄하게 금지하던 술 때문이었어. 영조는 백성들이 식량으로 써야 할 귀한 곡식이 술로 탕진되는 것을 못마땅하게 여겨서 금주령을 내렸어. 물론 전에 다른 왕들도 금주령을 내리기는 했대. 그래도 사람들은 제사에 쓴다는 명목으로 술을 담가서 마셨고 어느 정도 나라에서도 눈감아 줬다고 해.

하지만 영조는 달랐어. 제사 때조차 술을 쓸 수 없도록 했고 술을 만들거나 마시다가 걸리면 사형에까지 처하는 혹독한 금주령을 실시했거든.

그러자 불법적인 일만 골라하던 검계가 나섰지. 검계가 밀주(허가를 받지 않고 몰래 만드는 술)를 만들어 유통해 큰돈을 번 거야. 이에 영조는 '금란방'이라는 단속 기관을 꾸려 단속을 했고, 날뛰는 검계를 소탕하기 위해서 범죄와의 전쟁을 벌이게 돼. 그 중심에 있었던 인물이 바로 포도대장 장붕익이었어.

장붕익은 이미 노년이 된 나이였음에도 불구하고 뛰어난 수사력과 무술로 검계들을 잡아들였는데, 그 이름이 검계들 사이에 널리 퍼져서 두려워할 대상이자 제거해야 할 대상이 되기도 했대. 한 검계가 장붕익의 집에 침입해 암살을 시도했다가 실패한 일도 기록에 남아 있는데, 그 검계가 표철주라는 주장도 있어. 맞아, 표철주가 바로 장붕익의 이름만으로 두려워하던 집주릅 노인이야.

표철주는 본명이 아니라 쇠지팡이인 철주를 들고 다닌다고 해서 붙은 별명인데, 난폭하게 날뛴다고 표망동이라고도 불린 검계야. 표철주도 밀주나 고리대금업(돈을 빌려주고 비싼 이자를 받는 일) 등의 불법을 저질러 많은 돈을 벌었지만, 장붕익에게 모두 빼앗기고 목숨만 겨우 건져 달아났다고 해. 당시 장붕익은 검계를 잡으면 엄벌에 처했는데, 표철주만 살려 준 이유가 따로 있었다고 추측하고 있어.

표철주가 영조의 세자시절 호위별감이었던 인연 때문이라는데, 무관 출신이던 그는 실수로 사람을 죽이고 범죄자가 되어 흘러 다니다 결국 검계가 되었다고 해.

장붕익은 검계들의 몸에 상처가 있다는 사실을 알고는 몸에 상처가 있는 불량배들을 모조리 잡아다가 처벌했어. 때문에 검계는 영조 때 거의 소탕

되어 사라졌다가 훗날 순조 때가 되어서야 다시 활동했다고 해.

검계 표철주도 이런 장붕익이 두려워 숨어 있다가 장붕익이 사망한 뒤에야 한양으로 돌아 올수 있었대.

나쁜 짓만 골라하던 골칫덩어리 검계와 그들이 두려워하던 장붕익 같은 포도대장이 오늘날 조직 폭력배와 경찰로 이어져 범죄와의 전쟁은 계속되고 있어. 그러고 보면 신분 탓을 하며 나쁜 짓을 일삼던 검계의 탄생 배경이 꼭 엄격한 신분제도 때문만은 아닌 것 같아.

어느 시대, 어느 곳에도 악인은 존재하지만, 그를 소탕하는 정의가 더 굳건히 버티고 있어 살만한 세상이 되는 것이지.

아무리 목구멍이 포도청이라고 하고 천한 직업은 없다지만, 남들에게 피해를 입히는 직업이 천한 직업이 아닐까 생각해. 이런 직업은 영영 사라졌으면 좋겠어. 우리 친구들은 일을 하면서 즐거움과 보람을 찾고 사회에 중요한 역할을 하는 직업을 꿈꾸고 가질 수 있길 바랄게.

신기방기 전통문화: **전통 직업**

목구멍은 왜 포도청이 되었을까?

초판 1쇄 발행 2025년 6월 11일

글 정윤경 **그림** 최선혜
디자인 손현주
펴낸이 김숙진

펴낸곳 (주)분홍고래
출판등록 2013년 6월 4일 제2021-000294호
주소 서울시 마포구 잔다리로7길 18(서교동 377-20) 405호
전화번호 070-7590-1961(편집부) 070-7590-1917(마케팅)
팩스 031-624-1915
전자우편 p_whale@naver.com
분홍고래 블로그 blog.naver.com/p_whale

ⓒ 정윤경·최선혜 2025

ISBN 979-11-93255-40-7 73910

* 이 책은 저작권법에 따라 보호받는 저작물이므로 무단전제와 무단복제를 금합니다.
* 잘못 만든 책은 구입하신 서점에서 바꾸어 드립니다.
* 책값은 뒤표지에 표시되어 있습니다.

품질경영 및 공산품 안전관리법에 의한 품질 표시
품명 어린이 도서 | **제조년월일** 2025년 6월 | **사용연령** 8세 이상
제조자명 (주)분홍고래 | **제조국** 대한민국 **연락처** (070)7590-1961

※경고 : 3세 이하의 영·유아는 사용을 금합니다. 종이에 베이거나 긁히지 않도록 조심하세요. 책 모서리가 날카로우니 던지거나 떨어뜨리지 마세요.